울력교양문고 01

이기언

문학과 비평
다른 눈으로

울력

Copyright ⓒ 이기언, 2005

문학과 비평 다른 눈으로

지은이 | 이기언
펴낸이 | 강동호
펴낸곳 | 도서출판 울력
1판 1쇄 | 2005년 3월 25일
등록번호 | 제10-1949호(2000. 4. 10)
주소 | 152-894 서울시 구로구 오류1동 63-11
전화 | (02) 2614-4054
FAX | (02) 2614-4055
E-mail | ulyuck@hanafos.com
값 | 9,000원

ISBN | 89-89485-35-5 03800

차 례

다른 눈으로 · 5

I
문학의 거울 · 9
문학과 언어 · 29

II
비평이란 무엇인가? · 63
문학 언어의 중의성–모리스 블랑쇼의 문학 읽기 · 87
언어와 해석학 · 119
이인 뫼르소 · 133

〈부록〉
오스카 와일드 | 앙드레 지드 · 151

찾아보기 · 190

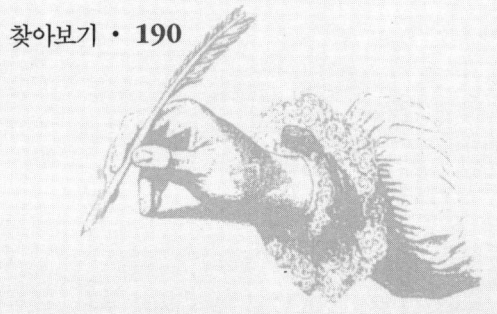

다른 눈으로

다름은 같음의 이성이다. 그래서 다름과 같음은 사랑의 갈림길에서 만난다. 사랑에 빠질 수도 있고, 그렇지 않을 수도 있다는 말이다. 하지만 사랑에 빠지든 그렇지 않든, 다름과 같음은 서로를 인정하고 더불어 살 수밖에 없다. 이성의 눈으로 보면, 같음이 같음만을 좇을 때는 지겨움으로부터 벗어날 수 없고, 다름이 다름만을 좇을 때는 혼돈을 피할 수 없기 때문이다.

나는 남에게서 찾을 수 없는 것을 나에게서 찾으려 하고, 나에게서 찾을 수 없는 것을 남에게서 찾으려 한다. 나의 다름을 발견하고, 남과 같음을 추구하려는 것이다. 같으면서도 다르고 다르면서도 같은 것, 이것이 인간 존재이고 현실 세계이다. 나와 세계를 말하는 문학은, 말하자면, 다름과 같음의 화간和姦이 벌어지는 장이다.

롤랑 바르트는 "세계가 존재하고, 작가가 말한다. 바로 이것이 문학이다"라고 했다. 작가는 세계를 말한다. 그런데 작가마다 다르게 말한다. 저마다 다른 눈으로 세계를 바라보기 때문이다. 결국, 같은 것을 다르게 그리고 있는 것이 곧 작품이다. 독자 또한 같은 작품을 다르게 이해한다. 저마다 다른 눈으로 읽기 때문이다. 같음의 다름, 문학의 본성이 짙게 배어나는 표현이다.

"나는 남이다." 천재 시인 랭보의 말이다. 남의 눈으로 나를 바라보려는 욕망의 표현이다. 남의 눈이란 곧 다른 눈이다. 다른 눈으로 나를 바라보는 것, 이것은 견성見性을 추구하는 자의 끊임없는 욕망이다. 비록 욕망이 욕망으로 남을지라도.

이 책은 여러 지면에 실렸던 글들을 수정하고 가감해서 엮은 것이다. 각각 다른 글이다. 하지만 같은 글이기도 하다. 필자가 같아서가 아니라, 모든 글들이 근본적으로 언어의 연기演技에 관심을 기울이고 있고, 문학을 다른 눈으로 바라보려는 시도를 하고 있어서이다. 굳이 덧붙인다면, 이 책에는 문학을 지독히도 사랑하는 한 젊은 학자의 고뇌와 열정이 서려 있다고나 할까.

문학의 거울

결핵으로 파손된 폐를 가슴속에 품은 채, 임종의 침상에서까지도 붓을 놓지 않았던 작가.

붓을 놓지 않는, 아니 붓을 놓을 수 없는 '병든 손'을 자신의 십자가로 여겼던 작가.

글쓰기가 생존을 위한 투쟁, 근원적인 절망을 비워내고 치유하기 위한 유일한 수단이었던 작가.

글을 쓰기 위해 유배지와 고독의 사막을 끊임없이 갈구했던 작가.

자신의 글에 늘 절망했던 작가.

'너 자신을 알라'를 '너 자신을 파괴하라'로 해석했던 작가.

"문학이 아닌 모든 것을 나는 증오한다"라고 외쳤던 작가.

카프카.

　카프카는 문학을 자신의 종교로 삼았던 작가였다. 작가라면 누구든지 다 그렇지 않느냐는 반론을 제기할 수도 있겠지만, 카프카만큼 문학에 대한 정열이 강렬하고 믿음이 깊었던 작가는 흔치 않다.

　카프카에게 문학은 희망의 샘이었고 구원의 손길이었다. 어느 누가 감히 "나는 오직 문학일 뿐, 다른 무엇일 수도 다른 무엇이고 싶지도 않다"라고 고백할 수 있으랴. 혹자는 너무 감상적이고 유치하다고 빈정거릴 수도 있을 것이고, 혹자는 진정한 작가라면 설령 그런 생각을 품고 있다고 하더라도 가슴속 깊이 간직할지언정 언어로 표현하지 않는 최소한의 치심恥心을 지켜야 한다고 지적할 수도 있을 것이다. 하지만 그의 일기와 편지들을 읽은 독자라면, 적어도 카프카의 고백에는 어떤 자만이나 꾸밈이 없는 순수하고 투명한 영혼의 소리가 공명하고 있음을 어렵지 않게 인정할 수 있을 것이다. 자신의 글들을 손수 파기했고, 친구인 막스 브로트에게 맡겨두었던 『성』과 『소송』의 원고를 비롯해서 자신의 편지들까지도 파기하라고 요구했던 카프카였다.

　카프카는 글쓰기를 소위 세상에 뜨거나 이름 날리기의 수단으로 삼지 않았다. 그는 글을 쓰지 않고서는 하루도 살아갈 수 없는 그런 자기를 받아들이고 그런 운명적인 삶을 열정적으로 살았을 뿐이다. 그는 방안에 홀로 앉아 하얀 종이를 검게 물들이는 순간에야 비로소 자신의 존재를 느낄 수 있었다. 글쓰기는 그의 주체할 수 없는 육체의 광기狂氣였고, 이 광기는 곧 그의 냉철한 이성이었다. 짜라투스트라는 "피(血)로 글을 쓰라. 그러면 너는 그 피가 곧 정신이라는 것을 알게 될 것이다"라고 말했다. 카프카는 짜라투스트라의 제자였다.

두통과 불면증 게다가 폐결핵으로 시달려야 했던 육체와의 처절한 투쟁. 영원히 해결할 수 없었던 아버지와의 갈등과 냉전. 보험회사 직원으로서의 무미건조하게 반복되는 일상. 유태교를 믿지 않는 유태인으로서의 정신적 고뇌와 방황. 막스 브로트와의 애증 어린 우정. 세 여인(펠리스 바우어, 밀레나 예젠스카, 도라 디만트)과의 이루어질 수 없는 비극적인 사랑.

카프카는 작가이기 이전에 고독과 불안, 불행과 절망, 사랑과 증오로 점철된 삶을 온몸으로 살았던 한 인간이었다. 카프카의 삶은 그의 작품보다도 훨씬 더 비현실적인 것처럼 보일 뿐만 아니라 훨씬 더 극적이고 우리를 감동시키는 사건들로 얽혀 있다. 흔히 비평가들이 카프카의 작품을 올바르게 이해하기 위해서는 그의 일기와 편지들을 읽어야 한다는 주문은 그의 문학이 삶에 뿌리를 내리고 있기 때문이다. 그렇다고 그의 작품들이 그의 삶을 직접적으로 그리고 있다는 뜻은 아니다. 카프카의 문학은 발자크나 플로베르의 문학이 아니다. 그의 작품은 쿠르베의 사실주의 회화가 아니라 피카소의 환상적 회화이다. 두루 아는 바와 같이, 카프카의 문학은 현실의 세계를 부조리와 환상의 세계로 표상했다는 데에 깊고 두터운 예술적 가치가 있다. 이 환상의 세계와 현실의 세계 사이에는 카프카만이 그 해법을 알고 있는 방정식이 있고, 이 해법에 곧 그의 예술의 모든 비밀이 담겨 있다.

카프카의 연금술이 빚어낸 언어의 비의秘意와 글쓰기의 신비성으로 인해, 그의 작품은 읽히고 또 읽히고, 해석과 재해석을 요구하고, 마르지 않는 샘처럼 의미의 무한성을 담고 있다. 가령 『소송』의 세계는 카프카의 삶의 한 단면일 수도 단면이 아닐 수도 있고, 요제프 K는 카프카일 수도 카프카가 아닐 수도 있다. 『성』의 세계와 주인공 K도 마찬가지이다. 다시 말해서, 요제프 K는 살과 뼈를 가진 현실의 카프카가 아니라, 카프카가 창조해 낸 카프카, 즉 타자他者 카프카인 것이다(카프카는 이런 모순과 역설, 이중성과 중의성을 십분 활용했던 작가이다. 쉬운 예를 들어, 작품명 『소송』은 독일어에서 '소송'을 뜻하는 동시에 '진행 과정'을 의미하고, 『성』도 '성城'을 뜻하는 동시에 '열쇠'라는 의미를 지니고 있다). 프루스트의 경우에서처럼, 카프카 예술의 비밀은 바로 이 '다른 나un autre moi'의 비밀이라고 할 수 있다. 카프카는 '나'를 '그'로 대체할 수 있었을 때 비로소 진정으로 문학에 입문할 수 있었다고 한다.

문학은 삶을 먹고 산다. 산다는 것은 나와 세계를 느끼는 것이다. 세계와의 끊임없는 충돌과 포옹, 갈등과 화해를 통해서 나를 단련하고 양성하는 것이 세계 속의 존재로서의 한 개인의 삶이다. 문학이 삶을 먹고 산다는 것은 이 세계에 대한 체험이 작품에 소중한 생명력을 불어넣는다는 것이다. 여기에서 체험이란 육신이 겪은 감성적 체험이 정신의 저 깊은 밑바닥에까지 침하하여 썩고 문드러져 부식된 체험, 즉 응축되고 정제되고 내재화된 체험을 일컫는다. 체험이 가난할 때, 작품은 고작해야 하루 저녁에 타고 마는 양초이거나, 겉으로는 화려하게 보이지만 값어치 없는 가짜 보석에 불과하고, 체험의 밀도가 높고 체험의 농도가 짙을 때, 작품은 투명한 듯하면서도 심오한 내면으로부터 발산되는 빛과 색의 황홀한 조화로 보는 이의 눈과 마음을 사로잡는 금강석의 아름다움과 신비를 품을 수 있다. 체험은 창조의 토양, 다시 말해서 뿌리 깊은 나무가 자랄 수 있는 옥토이다. 그러나 옥토沃土라고 해서 모든 나무를 아름드리나무로 키우는 것은 아니다. 무엇보다도 나무를 아는 재배자의 손길, 적절한 거름주기와 가지치기가 없다면 값지고 아름다운 나무를 키울 수 없다.

　헤아릴 수 없는 고통과 역경을 이겨낸 자는 삶의 달인達人일 수는 있어도 예술가는 아니다. 아이를 여읜 어머니의 울음소리가 아무리 우리의 가슴을 파고든다 해도, 그 울음소리 자체가 예술은 아니다. 극적이고 파란만장한 삶, 어머니의 비극을 재단裁斷하여 예술로 승화시키는 것은 다름 아닌 창조자의 붓이다. 금강석의 아름다움이 원석의 성질을 정밀하게 파악해서 빛과 색의 조화를 극대화할 수 있는 결정면을 재단해 내는 세공사의 손끝에서 탄생한다는 것을 상기할 필요가 있다. 이런 의미에서 한 편의 작품은 무수한 낱알들의 결정체인 한 방울의 증류주에 비유할 수 있다. 다시 말해서, 문학 작품을 감상하는 것은 밀알이나 포도알을 맛보는 것이 아니라, 한 잔의 위스키나 코냑을 음미하는 것과 같다.

거듭 말하지만, 문학 작품이 낱알들이 아니라 증류액이라는 데에 창조의 본질이 있다. 낱알들을 증류액으로 변화시키는 것, 이것이 곧 예술이다. 예술art은 곧 꾸며내기artificium이다. 예술에 있어서 사실주의란 의미 없는 빈말에 지나지 않다. 신이 아닌 한 어느 누구도 있는 그대로의 현실을 작품 속에 복제하거나 재현하는 것이 원천적으로 불가능하기 때문이다. 작품 속의 현실은 재현된 현실이 아니라 창조된 현실이고, 창조된 현실은 비현실적인 속성을 지닐 수밖에 없다. 왜냐하면 그것은 언어의 현실, 즉 창조자의 언어가 만들어낸 현실, 언어에 의해서만 존재하는 가상적이고 허구적인 현실이기 때문이다. 하지만 언어의 현실이 이 세계의 현실보다 더욱 실체적인 현실로 느껴질 수 있는 것은, 창조자가 날것의 현실을 여과되고 정제된 현실, 독자들의 감각과 이성, 본능과 지성을 자극하고 일깨우는 더욱 생명력 넘치는 현실로 표상했기 때문이다.

시인 정현종은 산문집 『날자, 우울한 영혼이여』에 실린 「삶의 창으로서의 시」라는 글에서 시인을 "꿈꾸는 자," 즉 "상상적 세계에 그의 삶의 뿌리를 내리고 있는 자"라 정의하면서 다음과 같은 역설적인 설명을 덧붙이고 있다. "상상적 세계가 시인의 보다 큰 현실이라는 점에서 아마도 시인처럼 비현실적인 사람은 없을 것 같습니다. 그러나 꿈꾸는 자의 자리에서 보면, 현실이야말로 퍽 비현실적인 세계로 보이기 쉽습니다. 왜냐하면 시인은 현실의 거죽이 아니라 그 속의 진실을, 대상의 껍데기가 아니라 그 속의 여러 구성 요인과 층들을 보는 자이기 때문입니다." 시인은 기자가 아니다. 시인은 거리의 사람들과는 다른 눈으로 현실을 바라본다. 시인의 눈은 땅의 현실이 아니라 하늘이라는 거울에 비친 현실에로 향한다. 하늘에 반사된 현실에는 거리의 사람들에게는 보이지 않는 현실의 속살이 드러나기 때문이다. 시인의 상상력이 포착해 낸 이 현실의 속살은 언어에 의해 새로운 현실로 창조되어 나타나고, 창조된 현실은 땅의 현실보다도 훨씬 더 현실적이고 허구가 허구를 넘어서버린 세계를 펼친다.

"풀이 눕는다/풀은 눕고/드디어 울었다/날이 흐려서 더 울다가/다시 누웠다/풀이 눕는다/바람보다도 더 빨리 눕는다/바람보다도 더 빨리 울고/바람보다 더 먼저 일어난다"(김수영, 「풀」부분). 김수영의 시 「풀」은 암울한 독재의 현실을 어느 신문 기사나 어느 영상 기록보다도 더욱 구상적이고 심층적으로 그리고 있다. 그의 시어詩語는 현실의 속살이 녹아 응축된 신체身體를 가지고 있기 때문이다.

니체는 "어떤 예술가도 현실을 용인하지 않는다"라고 했다. 이 말은 두 가지로 해석할 수 있다. 첫째로 모든 예술가는 부정적인 시각으로 현실을 바라본다는 것이고, 둘째로 현실을 있는 그대로 재현하지 않는다는 것이다. 현실에 대한 저항 — 전자의 경우 실존적 저항, 후자의 경우 예술적 혹은 창조적 저항 — 이 예술가의 존재론적 출발점이 되어야 함을 강조하고 있다. 예술가에게 저항 정신이 결여될 때, 그의 삶도 그의 예술도 무릇 바람에 휩쓸려가는 낙엽에 지나지 않을 것이다.

연을 날리는 어린 아이는 연이 더 높은 하늘까지 올라가지 못하는 것이 연실 때문이라고 생각한다. 연실이 없으면 연 자체가 공중에 떠 있을 수 없다는 것, 연실의 구속이 연으로 하여금 공기 저항을 받게 함으로써 연이 날 수 있다는 것은 미처 생각지 못한다. "예술은 구속에서 태어나고, 투쟁으로 살며, 자유에 죽는다." 앙드레 지드의 이 말은, 창조자에게 자유는 생명과도 같다는 점에서, 오해의 소지가 있다. 그러나 곰곰이 생각해 보면 자유는 예술에 치명적일 수 있다. 예술이 자신의 정체성을 보장해 주는 원칙과 한계를 준수하지 않을 때, 예술은 스스로 자멸하고 만다. 진정한 창조자는 구속의 자유를 누릴 줄 아는, 구속 없는 자유가 아니라 자유스러운 구속을 선택하는 자이다. 연실이 없으면 연이 날 수 없다는 것을 누구보다도 잘 알기 때문이다.

예술가의 자기 구속과 창조적 저항은 그의 존재론적 사고, 즉 부정적 사고의 명령이다. 부정적 사고란 자신을 부정함으로써 자신을 인정하는 사고, 자신을 부정하게 하는 것

안에서 자신을 해방시키고 자신을 초월하려는 사고를 말한다. 나를 부정하지 않고서는 타인을 부정할 수 없고, 현재를 부정하지 않고서는 더 나은 미래를 건설할 수 없다. 나를 부정할 수 있기 위해서는 나를 뒤돌아봐야 한다. 앞만 보고 걷는 나는 오로지 빛을 좇아 나아간다. 그러다 어느 순간 문득 뒤를 돌아다본다. 내 등뒤에 시커먼 어둠이 나를 쫓아오고 있음을 깨달았을 때에는 이미 어둠이 나를 삼켜버린 후이다. 어둠의 한가운데 앉아 나는 어둠이 없는 빛은 존재하지 않는다는 진리를 깨닫는다. 애써 어둠을 외면하려 했던 나. 부질없이 빛만 좇아다녔던 나. 치욕恥辱. 이제 치욕을 치유해야 한다. 밤의 심연 속에서 낮의 생수를 찾아내야 한다. 고뇌의 밤. 자기 부정의 밤. 각성의 밤. 어둠의 저 끝에서 여명이 비치기 시작했을 때, 빛은 어둠에서 탄생한다는 것을 깨닫는다. 새로운 나. 다른 '나'가 탄생한다. 일단 뒤를 돌아다본 나는 더 이상 이전의 나일 수 없다. 이처럼 자기 부정은 긍정으로 반전되는 부정, 창조적 부정이다. 알베르 카뮈는 『시지프의 신화』에서 "부정적 사고만이 예술을 훌륭하게 섬길 수 있다"라고 했다.

창조는 자의字意 그대로 지금까지 존재하지 않았던 새로운 것을 만들어 낸다는 의미이다. 새로운 것을 탄생시키기 위해서는 수정이든 변형이든, 망각이든 탈피이든, 어떤 형식으로든지 기존의 것을 부정하지 않고서는 불가능하다. 이런 의미에서 창조는 부정적 사고의 명령에 따르는 일종의 변신

métamorphose이라 할 수 있다. 변신에는 내적 변신과 외적 변신이 있다. 같은 언어와 같은 문체로 다른 내용과 다른 주제를 표현하는 작가가 있고, 같은 내용과 같은 주제를 다른 언어와 다른 문체로 표현하는 작가가 있다. 두 경우 모두, 진부함을 생리적으로 거부하는 창조자의 본능적 의지에서 비롯된다. 동일한 내용을 동일한 형식으로 표현하는 것이 독자에게 흐르는 물이 아니라 고여 있는 물을 마시게 하는 것임을 창조자는 너무나 잘 알고 있다.

예술 작품의 뼈와 살에 해당하는 내용과 형식의 문제에 대해서는 끊임없는 논란이 이어져 왔다. 어떤 이들은 내용을 형식보다 우위에 두었고, 어떤 이들은 형식이 내용에 우선한다고 주장했다. 그러나 내용이 형식을 무시할 때 혹은 반대로 형식이 내용을 질식시켜 버릴 때, 작품은 절름거리지 않을 수 없다. 왜냐하면 한 작품의 고유한 통일성unité과· 예술적 가치는 형식과 내용의 행복한 결혼, 언어와 주제의 은밀한 교응交應에 근거하기 때문이다. 롤랑 바르트는 "좋은 글은 바닷물과도 같다. 그 색色이 수면에 반사된 바닥에서 나온다"라고 지적했다. 좋은 작품에서는 내용이 형식에 반영되어 있고 문체가 주제를 드러낸다는 말이다. 한마디로, 겉과 안이 내통內通하고 있다는 말이다. 서양에서 흔히 '문체는 곧 사람이다'(18세기 프랑스 작가 조르지 뷔퐁의 말)라고 하는 것도 말 속에 사람이 드러나기 때문이다. 따라서 창조를 일종의 변신이라 할 때, 새로운 작품은 내적 변신이나 외적 변신에 그치는 불완전한 반쪽 변신이 아니라 총체적인 변신을 구현하고 있어야 한다.

　조각을 돌의 예술이라고 한다면, 문학은 언어의 예술이다. 조각가는 대리석을 조탁하여 침묵의 동상을 만들고, 작가는 언어를 다듬어서 말 덩어리를 만든다. 작가 오스카 와일드는 자신의 창조 작업에 대한 비평가들의 몰이해를 지적하면서 다음과 같은 비유를 들어서 설명했다. "조각가는 자신의 생각을 대리석으로 번역하려 애쓰지 않는다. 조각가는 직접 대리석으로서 생각한다." 조각가가 대리석으로서 생각하듯이, 작가는 언어로서 생각한다. 다시 말해서, 작가에게 있어서 사고의 주체는 작가가 아니라 언어라는 것이다. 얼핏 생각하기에 궤변으로 들리거나 인정하기에는 나의 주체가 가만히 있지 않을지도 모르지만, 이것은 언어에 대한 경험론적 성찰에 의해서 어렵지 않게 입증될 수 있다. 우리는 언어 경험을 통해서 낱말들이 사고를 촉발하거나 사고를 이끌어 나가고, 또한 낱말들이 사고를 하게 하고, 사고를 구현한다는 것을 잘 알고 있다. 문득 머리에 떠오른 낱말이나 어떤 표현이 애써 찾아냈던 낱말이나 표현보다도 더 적확하다는 것을 인식하기도 하고, 거기에 그치는 것이 아니라, 그 낱말이나 표현을 중심으로 사고가 재편되거나 다른 방향으로 흘러가기도 하고, 때로는 고르기아스의 매듭처럼 얽혀 있던 사고가 우연히 떠오른 한 낱말에 의해서 실타래 풀리듯 풀어지고,

게다가 이 낱말이 불가佛家의 화두話頭처럼 우리의 의식을 지배하고 우리의 사고를 인도하기도 한다. 극단적인 경우, 낱말의 부재가 우리의 사고를 가로막고 표현을 불가능케 함으로써 침묵을 선고받아야 하는 경험을 해보지 않은 사람은 없을 것이다. 이처럼 언어는 표현 수단이기 이전에 사고 행위의 주역이기도 하다.

시인은 낱말 사냥꾼이다. 시인이 낱말들을 사냥하는 것은 누구보다도 '낱말의 힘'을 잘 인식하고 있기 때문일 것이다. 시인은 언어를 통해서 세계를 경험하고, 언어를 빌려 나를 표현한다. 좀더 일반적으로 말하면, 인간은 언어가 없으면 현실적으로 단 하루의 삶도 불가능하다는 점에서, 언어는 자동차나 휴대 전화 같은 필요불가결한 사물이 아니라, 인간의 삶을 주도하는 절대자로서의 주인이라고 할 수 있다. 또한 언어가 없으면 인간의 사고 자체가 이루어질 수 없다는 것은 생각하는 동물로서의 인간이 언어에 의해 구속당하고 있다는 반증이기도 하다.

그래서 언어 철학자 브리스 파랭은 말하는 동물인 인간은 "언어 속에 위치해 있다"라고 지적했다. 이런 관점에서 보면, 언어의 주체가 인간이 아니라 언어 자체이고, 개인은 각자의 능력에 따라 언어의 한 방房을 빌려 쓰는 세입자에 지나지 않고, 언어의 예술인 문학의 주인은 작가가 아니라 언어라는 사실을 인정하지 않을 수 없다. 간혹 어떤 작가에 대해 말할 때 '언어를 정복했다'라는 표현을 쓰는 경우가 있는데,

이 말은 그 작가의 언어 능력이 그만큼 탁월하다는 것을 의미할 뿐이지, 언어 자체는 결코 인간의 정복 대상이 될 수 없다. 바둑의 수手가 무한한 것처럼, 언어의 수도 무한대이고, 무한의 존재로서의 언어는 그 어느 누구에 의해서도 소유되거나 정복될 수 없다. 이러한 언어의 무한성 덕택에 문학은 무한한 가능성을 가지고 있는 것이다.

언어가 문학의 주인임을 인정하는 것은 작가에게는 고뇌에 찬 결단이다. 그러나 일단 이를 인정하고 나면, 작가는 더욱 큰 자유, 자기 중심적 사고와 버거운 주인 의식에서 벗어나 자기로부터의 자유를 누릴 수 있다. 사고가 언어에 의해 이루어지고 언어에 의해 구현되는 이상, 이제 작가는 사고의 깊이와 넓이를 키우기 위해서 그리고 사고 내용을 정확하게 전달하기 위해서 언어를 탐구하고 또한 새로운 언어를 개발해서 가꾸고 다듬어야 한다. 이런 노력이 없이는 작가 정신의 가나다라를 실천하고 있다고 말할 수 없다. 낱말들이 이루는 선線의 아름다움을 천착하고, 낱말들이 고이 품고 있는 혼魂을 부추겨 깨우고, 낱말들의 새로운 조합을 개발하고, 낱말들에 새로운 의미를 부여해서 확장시키고, 일상어를 문학어와 철학어로 승화시키고, 사전에 칩거하고 있는 낱말들에게 화려한 외출의 기회를 안겨주고, 외래어를 식은 죽 먹듯이 사용할 것이 아니라 적절한 역어를 찾아내고, 더 나아가 새로운 낱말들을 만들어 내어 사전을 살찌우는 것까지도 작가의 의무이자 사명에 해당한다. 이 모든 것이 고정 관념과

폐쇄적인 사고를 작가 스스로 파괴하지 않고서는 불가능하다. 언어에 새롭고 다양한 맛과 색과 향기를 불어넣을 때 언어가 풍요로워지고, 바로 이 언어의 풍요가 사고의 다양성과 유연성을 신장시킨다. 사고가 다양해지고 유연해진다는 것은 그만큼 작가가 새로운 지평을 열고 새로운 세계를 창조할 수 있는 가능성을 확보하고 있다는 것을 의미한다. 한마디로, 언어가 풍요로울 때 문학도 삶의 질質도 그만큼 풍요로워진다. 사전의 가난함은 전적으로 작가들의 배부른 게으름과 창조적 정신의 결여에서 비롯된다고 해도 과언이 아닐 것이다.

렘브란트는 젊은 시절부터 사망하기까지 수많은 자화상을 그렸던 화가로 유명하다. 무엇이 그로 하여금 그토록 많은 자화상을 그리게 만들었던 것일까? 자신에 대한 연민이었을까? 자기애의 한 표현이었을까? 자기의 내면을 들여다보고 싶어서였을까? 나르시스보다 더한 나르시스였기 때문이었을까? 대답 없는 질문들이다. 그러나 한 가지 명백한 사실은, 거울이 없었다면 렘브란트가 자화상을 그릴 수 없었다는 사실이다. 거울 앞에 앉아 있는 렘브란트를 상상해 보기로 하자. 그의 손에는 붓이 들려 있고, 그와 거울 사이에는 하얀 화포가 놓여 있다. 거울과 화포를 오가는 시선의 수없는 왕복 운동과 치밀하고 정교한 붓놀림 끝에, 특유의 명암 기법으로 그려진 렘브란트의 초상화가 완성된다. 이제 '거울 앞의 렘브란트', '거울 속의 렘브란트' 그리고 '화포 위의 렘브란트'가 한 공간에 동시에 존재한다. 이 세 렘브란트 사이에는 어떤 관계가 있을까?

첫째, '화포 위의 렘브란트'는 '거울 속의 렘브란트'를 그린 것이지 '거울 앞의 렘브란트'를 그린 것이 아니다. 따라서 '화포 위의 렘브란트'와 '거울 앞의 렘브란트' 사이에는 탯줄이 없다고 할 수 있다.

둘째, '거울 속의 렘브란트'는 현실 세계에서는 존재하지 않고 오직 거울 속에서만 존재하는 허구적 존재, 즉 거울을 들여다보는 순간에만 나타나고 거울을 외면하는 순간 사라지는, 존재인 동시에 비존재이다. 거울의 조화造化라고나 할까. 이 허구적 존재를 '화포 위의 렘브란트'라는 실체적 존재로 창조해 낸 것이 화가 렘브란트의 예술이다. 다시 말해서 화가의 창조 행위는 거울 속의 '나'와 그림 속의 '자기' 사이에 위치한다.

셋째, '거울 앞의 렘브란트'는 거울 속에 나타났다가 그림 속으로 사라져버렸다고 할 수 있다. 여기에서 사라짐은 곧 나타남을 의미한다. 화가는 사라질 테지만, 그의 초상화는 남아 있을 것이다. 이것이 바로 예술이다.

삼백오십여 년이 지난 오늘, '거울 앞의 렘브란트'도 '거울 속의 렘브란트'도 존재하지 않고, 오직 '화포 위의 렘브란트', 즉 화가의 작품만이 우리에게 남아 있다. 우리는 렘브란트의 자화상을 바라보면서 화가의 실제 모습과 동일한가 하는 어리석은 질문을 하지 않는다. 우리에게는 그런 의문 자체가 아무런 의미가 없다. 왜냐하면 렘브란트의 얼굴을 직접 보지도 못했고, 그의 사진 — 렘브란트는 사진이 발명되기 이전에 살았다 — 을 가지고 있지도 않은 우리는 두 얼굴이 일치하는지 그렇지 않은지에 대해서 인정하거나 반박할 수 있는 아무런 증거도 아무런 논리도 가지고 있지 못하기 때문이다. 우리는 화가의 전기와 전해진 이야기를 통해서 얻은 정보에 의거해서 그림 속의 인물이 렘브란트라고 믿을 뿐이다. 다만 한 가지 분명한 것은, 렘브란트는 거울을 들여다보면서 자신이 그리고 싶은 대로, 자신의 고유한 기법과 미학이 명하는 대로 거울 속의 자기를 화포 위에 그렸다는 사실이다. 피카소가 자신의 초상화를 그리듯이 말이다.

렘브란트의 자화상을 앞에 두고 우리가 감상하는 것은 1606년에 네덜란드에서 태어나 한때 영예를 누리다 비참하게 삶을 마감했던 자연인 렘브란트의 얼굴이 아니라 그의 작품으로서의 자화상이고, 우리를 매료하는 것은 내면 심리가 투영된 강렬한 시선, 암울한 분위기가 자아내는 흡인력, 정교하게 처리된 세부, 섬세한 붓놀림의 흔적 등 그의 예술이다. 예술적 가치가 없었더라면 렘브란트의 자화상은 우리에게까지 전해지지도 않았을 것이다.

렘브란트의 삼각형과 마찬가지로, 글쓰기에도 작가와 작가의 거울 그리고 작품이 이루는 삼각 관계가 성립한다. 다른 점이 있다면, 렘브란트의 거울이 실물인데 반해서, 작가의 거울은 작가의 창조적 상상력이 만들어낸 가상적인 구조물이다. 좀더 구체적으로 말하자면, 작가의 기억이 곧 렘브란트의 거울에 해당하고, 작가의 거울에 비친 상像은 작가의 눈이 포착한 세계의 단면이다. 렘브란트의 경우에서도 보았듯이, 작품 속의 현실이 이 세계의 현실을 충실하게 그리고 있는지 그렇지 않은지는 중요한 문제가 아니다. 이것은 자서전이나 자전적 작품의 경우에도 마찬가지이다. 왜냐하면 저자는 자신이 정한 기준에 따라 자신의 기억으로부터 자의적으로 추출해서 취사선택한 사건들만을 이야기하며, 이 취사선택에서 비롯된 왜곡뿐만 아니라 사건 발생 시점과 이야기하는 시점 사이의 시간차에서 오는 망각이나 사고의 변화에서 비롯된 왜곡이 없을 수 없기 때문이다. 이런 관점에서 보면, 폴 리쾨르가 잘 지적했듯이, 자서전은 실록實錄이 아니라 하나의 진정한 문학 작품(허구)으로 간주되어야 할 것이다. 따라서 작가에게는 어떤 거울을 가지고 있느냐 그리고 어떻게 쓰느냐의 문제가 중요하다. 한편으로는 나와 세계를 거리의 사람들과는 다르게 바라볼 수 있는 눈, 타자로서 나를 보는 눈, 이방인으로서 사회를 바라보는 눈을 가져야 하고, 다른 한편으로는 그런 눈이 포착한 현상들을 예술적으로 그려낼 수 있는 창조적 언어 찾기가 절대적으로 요구된다고 할 수 있다.

산을 타는 사람은 이따금 멈춰 서서 뒤를 돌아보며 쉬어 간다. 더 높은 곳에 오르기 위해서이다. 글을 쓰는 사람들에게 이따금 자신의 거울을 들여다보는 것은 새로운 지평을 열기 위해서 뿐만 아니라 문학의 건강을 위해서도 좋을 것이다. 문학이란 무엇인가? 흔히 진부하다고 치부되는 질문이다. 그러나 이 질문만큼 늘 새롭게 다가와서 문학 하는 사람들을 곤혹스럽게 하고 더 크고 생경한 낯섦 속에 빠뜨리는 질문도 없다. 수많은 작가와 비평가들이 시대의 사상적 흐름에 따른 대답을 제시했으나, 그 어느 누구도 정답이라고 할 만한 대답을 내놓지는 못했다. 하기야 정답이 있을 수 없는 질문이기에 당연한 노릇이다. 그럼에도 불구하고 작가는 새로운 대답을 찾으려 한다. 새로운 작품을 쓰기 위해서이다. 작가는 작품으로 대답한다. 이해되기까지 오랫동안 그늘 속에서 기다려야 하는 작품들도 있다. 오스카 와일드가 지적했던 것처럼, 그런 작품들은 아직까지 제기되지 않은 질문에 대한 대답을 품고 있고, 흔히 질문은 대답이 제시된 아주 오랜 후에야 제기된다. 대답을 품고 있는 작품들이 많을수록 문학은 그만큼 건강하다. 우리 문학에서든 외국 문학에서든 그런 작품들을 발견해 내는 것은 매우 중요하다. 문학에는 동서고금이 없다. 문학의 거울은 문학이다.

카프카는 "고통이 너무 크지만 않다면 임종의 침상에서 나는 만족하리라"고 행복한 죽음을 꿈꾸었다. 그는 1924년 6월 3일 정오, 그가 태어나고 살았던 프라하에서 멀리 떨어진 비엔나 근처 한 작은 마을의 요양원에서, 최후까지 곁에 남아 그를 헌신적으로 간호했던 마지막 연인 도라 디만트와 친구인 의과 대학생 로베르트 클로프스토크가 지켜보는 가운데, 진통제의 효과가 온몸에 스며들 즈음 숨을 거두었다. 이들의 증언에 의하면, 카프카는 그날 새벽까지도 원고를 교정하고 있었고, 그의 마지막 표정은 비교적 평온했다고 한다. 그러나 불과 몇 시간 전인 그날 아침, 최후의 단말마적 고통이 그의 소진된 육체에 비수를 꽂았을 때, 약속했던 모르핀을 주사해 주지 않는다고, 그는 마지막 남아 있던 명정한 정신을 그러모아 "나를 죽여. 그렇지 않으면 넌 살인자야!"라고 최후의 절규를 퍼부었다고 한다. 카프카의 이 처절한 한마디가 극심한 고통에 굴복하지 않으려는 한 인간의 형이상학적 아우성이 아니라, 막이 내리기 직전 무대에 홀로 선 채 독백하던 '문학'이라는 이름의 주인공이 자기 자신을 향해 토했던 외마디 절규로만 들리는 것은 왜일까? 문학이 자신을 뒤돌아보지 않을 때, 자신을 부정하지 않을 때, 문학은 문학의 살인자가 될 수밖에 없을 것이다. 그래서 카프카는 '너 자신을 알라'를 '너 자신을 파괴하라'로 해석했던 것일까?

문학과 언어

문학과 놀이

문학은 놀이이다. 놀이의 본질은 즐기기에 있다. 즐긴다는 것은 놀이자가 놀이의 재미를 맛본다는 것이다. 사람들은 재미를 주지 않는 놀이나 재미를 느낄 수 없는 놀이를 외면한다. 또한 재미가 과포화 상태에 이르렀을 때, 즉 재미가 더 이상 재미가 아닐 때, 놀이자는 놀이를 그만둔다. 이처럼 재미는 놀이가 놀이자를 끌어들이는 힘이다. 아이들은 장난을 치면서 재미를 맛본다. 그런데 일단 그 재미에 맛들이면, 그 재미가 아이를 부르고, 아이는 이 부름에 굴복하지 않을 수 없다. 놀이자가 놀이의 유혹에 스러진다는 것은 곧 놀이가 놀이자의 의식을 지배한다는 사실을 말한다.

놀이가 놀이자의 의식을 지배한다는 것은 말의 쓰임새에

서도 입증될 수 있다. 가령, '장난에 빠지다', '노름에 빠지다', '바둑에 빠지다', '테니스에 빠지다' 등의 표현은 놀이가 놀이자를 유혹하고 사로잡아서 자신의 노예로 만들어 버리는 것을 잘 보여 주고 있다. 이런 점에서 보면, 해석학자 한스-게오르그 가다머가 잘 지적한 것처럼, "논다는 것은 늘 놀아난다Jouer c'est toujours être joué"는 것이다. 놀이 개념을 현상학적이고 존재론적으로 심층 분석한 가다머는 "놀이자의 의식에 비추어 놀이의 우위"가 놀이의 존재 양식이라고 단언하면서, 놀이의 존재 양식이 곧 예술 작품의 존재 양식이라고 했다. 다시 말해서, 예술 작품은 놀이자인 독자나 작가를 넘어선 독립적인 존재일 뿐만 아니라, 바로 작품이 독자나 작가를 자신의 노예로 만든다는 것이다. 작가는 작품을 쓰지 않을 수 없기에 그렇고, 독자는 작품이 안겨준 느낌 혹은 상상력, 깨우침 혹은 상처로부터 좀처럼 벗어나지 못한다는 점에서 그렇다.

장난은 장난으로 그칠 때 장난이다. 장난이 다툼이나 싸움으로 발전하는 경우 이미 장난이 아니다. 왜냐하면 장난의 본질인 놀기를 이미 파괴하고 상실했기 때문이다. 도박에 빠져서 패가망신한 후에야 도박에 놀아났다는 것을 각성하는 경우나, 지나친 의욕으로 인해 혹은 반드시 이겨야 한다는 집착으로 인해 경기의 흐름을 타지 못하고 경기를 망치는 경우나, 놀이자의 주체가 놀이의 주체를 지배하려 한 데 대한 놀이의 단죄이다. 이것은 "놀이의 실체적 존재가 놀이자의

의식이나 행동에 기거하는 것이 아니라, 반대로 놀이가 놀이
자를 자신의 영역으로 이끌어들이고 놀이자에게 놀이 정신
을 심어준다"는 것을 놀이자가 깨닫지 못한 당연한 결과이
다. 다시 말해서 "놀이는 놀이에 불과하다"라는 아주 평범한
진리를 놀이자가 제대로 인식하지 못했거나 실천하지 못한
결과이다. "놀이는 놀이에 불과하다"라는 말은, 놀이자에게
놀이의 재미는 놀기 그 자체에 있는 것이지 놀기 이외의 다
른 어떤 것에도 있지 않다는 것을 의미한다. 장난이 장난으
로 그칠 때 장난이듯이, 놀이자가 놀이에서 추구하는 것이
놀기에 그칠 때에 비로소 놀이가 진정으로 실현된다.

현실적으로 보면, 놀기 그 자체보다는 놀이의 결과에서
재미를 추구하는 놀이자들이 있는 것이 사실이다. 이 경우
두 가지 점에서 놀이의 본질이 심각하게 왜곡되어 있다. 우
선, 승자만이 느낄 수 있는 재미라는 것은 놀이자의 재미일
뿐 놀이의 재미가 아니고, 따라서 승자에게서나 패자에게서
나 놀이의 재미는 찾아볼 수 없다는 것이다. 진정한 놀이에
는 승자도 패자도 없으며, 오로지 놀이의 재미만이 연출된다.
놀이자들이 놀기에 최선을 다했을 때, 즉 놀이의 결과를 생
각하지 않고 단순히 놀이 자체에 몰입하여 자신들을 망각한
채 놀기에 전념했을 때, 그야말로 멋진 경기, 진정한 놀이가
실현되고, 승자도 패자도 없고, 관객이나 관중들이 놀이의 재
미를 만끽하게 해준 놀이자들에게 아낌없는 박수를 보낸다.
그래서 가다머는 "사실 놀이자가 놀이 속에서 자신을 잊어버

릴 때에만 놀이는 자기 목적을 달성한다"라고 지적한다. 이를테면, 무대 위의 연기자가 인물(배역) 그 자체가 되어 연기할 때, 연주자가 악보와 악기가 요구하는 조화 속에 완전히 몰입할 때, 소위 신들린 듯한 연기와 연주가 이루어지듯이, 놀이자가 자신의 주체성subjectivité을 잊고 자신에게 부여된 순수하게 유희적인 사명에 전념할 때, 놀이자가 놀이에 완전히 동화되어 놀이 자체가 될 때, 더 나아가 놀이자가 노리개가 되어버릴 때, 놀이의 본질이 구현된다. 이와 같이 가다머의 놀이 개념에 대한 성찰이 우리에게 가르쳐 주는 것은 "놀이의 진정한 주체는 놀이자가 아니라 놀이 자체"라는 사실이다. 왜냐하면 "놀이자를 매혹하고, 놀이자를 그물 속에 가두고, 놀이자를 놀이에 붙들어 매는 것은 바로 놀이"이기 때문이다.

문학은 놀이와 마찬가지로 즐기기에 그 본질을 두고 있다. 작가는 글쓰기를 즐기고 독자는 읽기를 즐긴다. 거꾸로 말해서, 글쓰기를 즐기는 이가 작가이고, 읽기를 즐기는 이가 독자이다. 글쓰기를 즐기지 않는 이에게 글쓰기는 고통이고, 읽기를 즐기지 않는 이에게 읽기는 피곤한 노동이다. 놀이가 놀이자를 부르듯이, 글쓰기가 작가를 끊임없이 유혹하고, 서가의 책들이 독자를 부른다. 작가는 글쓰기의 유혹에 이끌려 '병든 손'(모리스 블랑쇼의 표현)을 놀려대고, 독자는 읽기의 재미에 굴복해서 책장을 넘긴다. 글쓰기와 읽기가 때로는 작가와 독자에게 정신적 혹은 육체적 고통을 안기기도 하지만,

이 고통을 고통으로서가 아니라 희열로 느끼기에 작가와 독자가 존재한다. 작가와 독자를 사로잡는 것은 결국 글, 문학 자체이다. 문학에 대한 사랑과 열정이 그들을 문학의 시녀나 포로로 만들어 버리는 것이다. 이처럼 놀이와 놀이자와의 관계와 마찬가지로, 문학의 주체는 작가나 독자가 아니라 바로 문학 그 자체이다. 놀이자의 놀기를 통해서 구현되는 것이 놀이 자체이듯이, 시인의 글쓰기가 실현하는 것은 시이다. 또한, 놀이가 놀이자를 유혹하듯이, 시인이 시를 쓰지 않을 수 없는 것은 언어의 부름을 외면할 수 없기 때문이다. "언어로 말하자면, 놀이의 진정한 주체는 분명하게도 다른 활동을 제쳐두고 이 놀이에 빠져드는 개인의 주체가 아니라 놀이 자체이다"라고 가다머는 지적한다. 시인은 어느 누구보다도 "놀이의 매력, 놀이가 행사하는 유혹은 바로 놀이가 놀이자의 주인이 된다"는 것을 잘 인지하고 있는 이들일 것이다.

한마디로, 문학은 언어 놀이이다. 글을 쓰거나 읽는다는 것은 작가나 독자가 언어 놀이에 빠져드는 것이고, 이 놀이의 주인은 작가나 독자가 아니라 언어이다. 언어 놀이의 재미는 언어의 무한한 가능성이 자아내는 형식의 명도와 채도, 의미의 깊이와 넓이 그리고 이 형식과 의미의 조화와 합일에 있다. 문학이 놀이의 본질, 즉 재미를 상실하지 않는 한, 시대와 상황에 맞는 언어의 유희가 순수하게 구현되는 한, 문학은 스스로 존재한다.

문학과 언어

롤랑 바르트는 "문학은 언어이다"라고 했다. 이 말은 문학이 언어의 예술이라는 소극적인 관점을 넘어서서 언어가 문학의 주체임을 각성시키는 적극적인 단언이다. 문학에 있어서의 언어의 위상을 강조한 말라르메, 발레리, 블랑쇼 등의 작가들에 뒤이어 바르트가 이와 같은 주장을 하기까지, 언어는 오랫동안 의사소통의 단순한 편이 도구로만 간주되어 왔다. 그러나 역사 인류학적 관점에서 고찰해 보면, 인간 사회를 가능케 하고 지탱해 온 것은 인간이 아니라 바로 언어라고 할 수 있다. 언어가 없었다면, 인간의 역사와 전통은 보전될 수 없었을 것이고, 따라서 인류 문명의 진보가 전혀 다르게 이루어졌을지도 모른다.

달리 말하면, 언어에 인간의 모든 역사가 담겨 있고, 언어가 인류 문명을 이끌어온 주역이라 할 수 있다. 역사적 존재로서의 언어는 인간 정신을 담고 있는 가장 인간적인 존재이다. 또한 언어는, 라틴어의 로고스의 의미가 보여 주듯이, 이성적 인간에게 이성의 활동을 가능케 해주는 모체이다. 헤겔 철학이 등장하기 이전까지 로고스의 해석이 이성에 치중함으로써 인간의 주체성을 철학의 중심에 두었던 반면에, 현대 철학에서는 로고스의 언어 기능을 재평가함으로써 언어에 대한 새로운 시각을 열어 주었고, 인간과 언어와의 관계를 재정립하게 되었고, 탈인간중심주의적 사고가 발달하여 '세

계-속의-존재'로서의 인간의 객체성을 발견하게 되었고, 레
비나스의 '타자' 철학에까지 이르게 되었다. 후설의 현상학
적 사고와 더불어 사물에 대한 의식이 자아 의식에 선행한다
는 것을 발견하게 된 것처럼, 현대 사상은 이성의 힘이 언어
에서 출발한다는 것을 인식하게 된 것이다. "상징은 인간의
삶을 포장한다"라는 라캉의 말은 상징 체계를 구성하는 것은
인간이 아니고, 상징 체계가 바로 인간을 구성한다는 것을
의미한다. 시인 말라르메는 "시를 짓는 것은 사고가 아니라
낱말들이다"라고 했다. 말라르메의 언어관을 언급하면서 모
리스 블랑쇼는 다음과 같이 지적했다. "언어를 인간이 세계
속에서 행동하고 시위하기 위해 마음대로 다루는 도구라고
생각하는 것은 오산이다. 사실은 언어가 인간에게 세계의 존
재와 이 세계 속에서의 삶을 보장해 주고 있다는 점에서, 언
어가 인간을 거느리고 있는 것이다."

　인간은 말하는 동물일 뿐만 아니라 생각하는 동물이기도
하다. 말은 사고의 결과물이다. 그렇다면 사고의 주체는 누구
인가? 무엇이 사고하는가? 사고의 주체가 사고하는 인간이라
고 생각하기 쉽지만, 언어가 사고를 수행한다는 사실을 깨달
을 수 있다. 인간은 무엇으로 사고하는가? 언어가 없다면 사
고할 수 있을까? 이에 대한 대답은 너무나 자명하다. 몇 가지
흔한 예를 드는 것만으로도 우리는 사고의 주체가 인간이 아
니라 언어임을 알 수 있다.

　가령, 말을 하거나 글을 쓰는 도중에 잠시 중단되는 때가

있는데, 이것은 말하고자 하는 내용을 옮겨줄 낱말이나 표현
이 떠오르지 않기 때문이다. 언어가 사고를 중단시키는 경우
이다. 또한 일상의 대화나 심지어 학술 토론에서도, 일정한
주제 하에 대화가 진행되다가도 우연히 발설된 어떤 낱말이
나 표현이 대화의 흐름을 완전히 바꾸어 버리는 경우가 종종
있는데, 언어가 사고를 이끌어간다는 것을 보여 주는 한 예
이다. 게다가 뒤죽박죽 얽혀 있거나 아무리 해도 풀리지 않
던 사고가 문득 떠오른 낱말이나 표현에 의해 실타래 풀리듯
풀어지는 것을 경험하기도 한다. 그리고 '새 술은 새 부대에'
라는 말이 있듯이, 철학자들이 새로운 사고를 표현하기 위해
서 기존의 언어로부터 어떻게든지 새로운 언어를 만들어 내
야만 하는 것도 언어가 사고의 실주체라는 사실을 반증한다.
그래서 펠릭스 가타리와 질 들뢰즈는 공저 『철학이란 무엇인
가?』에서 "철학이란 개념을 만들어서 가꾸고 다듬는 예술이
다"라고 정의하기도 했다.

　마지막으로 한 가지 예를 들자면, 프랑스어를 모르는 이
방인이 프랑스인과 대화할 수 없는 것은 그의 사전에 프랑스
어 낱말들이 실려 있지 않기 때문이다. 따라서 프랑스어로의
사고가 불가능한 것은 너무나 당연하고, 사고가 애초에 이루
어지지 않기 때문에 말을 할 수 없는 것 또한 너무나 당연한
일이다. 프랑스인과 마주하고 서 있는 그는 나무나 돌과 다
를 바가 없다. 말하는 동물로서의 기능을 다하지 못한다는
말이다. 동일한 모국어 화자들 사이의 관계도 마찬가지이다.

지적 수준이나 생활 환경이 현격하게 다른 두 화자간의 의사
소통이 용이하지 않은 것은 사고의 차이에서 비롯되는 것이
고, 사고의 차이는 바로 언어 수행 능력의 차이와 역사적 존
재인 언어에 대한 이해의 차이에서 연유하는 것이기 때문이
다. 언어의 차이가 사고의 차이, 더 나아가 인격의 차이, 심지
어는 신분의 차이를 결정하고 판단하는 기준이 되기도 한다.

　우리는 언어 경험을 통해 우리의 사고가 언어의 틀을 벗
어날 수 없고, 언어의 조합이 우리의 사고를 형성하고 구조
화하고 체계화하고 이끌어나가면서 담화나 담론으로 나타난
다는 것을 잘 알고 있다. 언어가 사고를 수행한다. 인간의 사
고는 언어에서 출발해서 언어에 의해 조직되고 언어로 표출
된다. 각 개인은 언어의 집에 잠시 세 들어 사는 세입자일 뿐
이다. 언어 철학자 브리스 파랭이 지적한 대로, 말의 대가를
톡톡히 치러야 하는 경우가 있는데, 이것은 집주인으로서의
언어가 세입자에게 내리는 처벌이다. 롤랑 바르트는 언어를
"파시스트"라고까지 하지 않았던가.

　문학의 입장에서 보면, 언어의 위상은 아무리 강조되어
도 지나치지 않다. 문학의 존재는 전적으로 언어에 달려 있
기 때문이다. 작가에게 언어는 존재의 모태이다. 그러므로 작
가는 일상적 삶 외에 언어적 삶이라는 또 하나의 삶을 살아
가야 한다. 작가의 언어적 삶은 세계를 거대한 언어의 집적
소로 보는 데에서 출발한다. 작가에게 세계는 곧 언어이다.
풀 하나 돌 하나가 모두 언어이다. 그의 언어가 풀이 되고 돌

이 될 때 작품이 탄생한다. 김수영의 풀은 바람에 눕고 일어나는 풀이 아니라 언어가 웃고 울게 하는 풀이고, 카뮈의 시지프의 바위는 중력의 법칙에 순응하는 돌이 아니라 언어가 생명을 불어넣은 의식의 돌이요 부조리의 돌이다. 풀을 인간으로 표상하고 돌을 부조리 의식으로 상징화하는 것이 바로 언어이다. 문학에 있어서는 언어가 세계를 창조한다. 다시 말해서 만물의 창조자는 신이 아니라 언어이다.

　　문학의 언어는 '태초의 말씀'이다. 복제하는 언어가 아니라 창조하는 언어를 찾아내려고 작가는 언어 존재와의 동거에 들어간다. 이 고통스러우면서도 행복한 동거 속에서, 작가는 무한대의 경우의 수를 낳는 언어의 조합, 그 조합이 생산하는 의미의 변화와 다양성, 낱말들의 우연한 만남이 만들어 내는 신선한 사고, 이어진 낱말들이 이루는 선線의 아름다움을 발견하고는 희열에 도취되기도 하고, 또는 적확한 언어를 찾아내지 못하는 절망, 사고를 언어화하지 못하는 좌절감, 찾아와 주지 않는 언어에 대한 원망에 빠지기도 한다. 동거 생활이 이어질수록 작가는 더욱더 언어의 힘, 언어의 마력을 발견하고, 언어의 비밀에 다가가면 다가갈수록 언어는 가까이 있는 듯하면서도 늘 멀리 있는 존재임을 깨닫는다. 궁극적으로 작가가 인정하지 않을 수 없는 것은 실망스럽게도 결코 언어를 정복하거나 지배할 수 없다는 사실이다. 그와는 정반대로 결국 자신이 언어의 노예에 지나지 않다는 것을 받아들이지 않을 수 없다. 그러나 작가는 바로 이 순간에 탄생한다. 그는 순종하는 노예가 아니라, 수많은 좌절에도 불구하고 끊임없이 반항하고 도전하는 노예이다. 이 반항과 도전이 새로운 세계를 창조해 내는 것이다.

언어의 연기

'글을 쓴다' 라고 하기보다는 '글이 써진다' 라고 표현하는 것이 적절한 경우가 있다. 글을 쓰는 이라면 누구나 적어도 한번쯤은 이런 경험을 가지고 있을 것이다. 아무리 쓰려해도 써지지 않던(혹은 못하던) 글이, 어느 순간, 곪을 대로 곪은 고름이 살을 뚫고 저절로 터져 흘러나오듯이, 소위 붓 가는 대로 써질 때가 있다. 머리 속에서 미로迷路를 헤매던 낱말들이 마침내 아리아드네의 실을 따라 출구를 빠져나와 저들끼리 삼삼오오 어우러지며 분열식을 치른다. 붓이 가늘게 떨며 미끄러지고, 백지는 붓의 가벼운 누름을 묵묵히 받아들이며 붓의 놀이터가 된다. 상큼한 흥분이랄까 아른거리는 명정酩酊이랄까 하는 오묘한 기운에 젖어 든다. '소크라테스의 다이모니아' 가 찾아든 것일까? 하지만, 고름이 푹 곪을 때까지의 신체적, 정신적 고통이 없었더라면…? 오랜 풍상風霜에 시달린 끝에 나무가 꽃을 피우고 열매를 맺는 날이 온다.

그러나 비록 글이 써지는 경우라 할지라도, 낱말들의 자유분방한 시위를 백지 위의 보이지 않는 선 위에 가지런히

앉히는 것은 붓의 몫이다. 붓은 이따금씩 정지해서 머뭇거리기도 하고 되돌아오기도 하면서 낱말들을 자리매김한다. 모리스 블랑쇼에 의하면, 작가의 참 솜씨는 붓을 놓지 않는 '병든 손'에 있는 것이 아니라, 다른 손, 즉 글을 쓰지 않는 손, 붓을 멈추고 거두어들이면서 필요한 순간 붓놀이에 개입하는 빈손에 있다고 한다. 붓을 쥐고 있는 손의 동물적인 반응과 움직임이 붓을 쥐고 있지 않은 손의 이성적 통제와 제어를 받는다는 것이다. 빈손이 붓 쥔 손을 멈출 때, 글의 몸에 성정性情이 깃든다. 공空이 색色을 범할 때 글의 심心이 형성된다.

어떻게 보면, 붓을 쥐고 있는 손은 붓을 쥐고 있지 않은 다른 손의 그림자일 뿐이다. 붓의 주인은 다른 손이고, 글의 생명은 다른 손에서 창조된다. 다시 말해서, '써지는' 글의 경우에도 '쓰는' 작업이 생략되지 않는다. 잉태의 고난은 산고産苦에 의해서 완성되는 것이고, 산고가 있었기에 그만큼 출산의 기쁨은 더한 것이다. 결국, 순수한 의미에서의 '써지는' 글은 없다고 할 수 있다. '써진' 글이 언뜻 그럴싸하게 보이지만, 다시 한 번 읽어 보면 무엇인가의 모자람이나 무엇인가의 넘침이 드러나는 것은 붓놀이에 너무 취해 있었기 때문이다. 글은 받아쓰기 답안지가 아니다. 쓰기와 써지기의 가역 반응, 이것이 아마도 글쓰기의 본성이다.

글쓰기는 어머니를 잃은 자의 주체할 수 없는 흐느낌, 찢어지는 가슴의 울음소리를 녹취하는 것이 아니라, 이 가없는 슬픔을 언어로 형상화하는 것이다. 글쓰기는 원초적 감정의 천진스런 토로나 순진한 나열이 아니라, 비극을 연기演技하는 언어를 조작하는 예술이다. 글의 모든 것, 낱말들이 이루는 선線의 아름다움, 행간에 은밀하게 감추어진 의미, 통일성의 조화에서 스며 나오는 전체적인 분위기, 이것인 듯하면서 저것인 듯도 한 애매함, 독자의 감성과 이성을 자극하고 매료하는 힘, 시공간을 초월할 수 있는 생명력, 이 모든 것들이 언어의 연기에서 나온다. 그런데 글의 언어는 말의 언어와는 다른 성질을 지니고 있다. 말의 언어가 몸짓과 표정과 억양의 도움으로 감정을 흥건하게 표출하는 생생하고 색깔 있는 연기를 하는 것과는 달리, 글의 언어는 소리 없이 그저 의미할 뿐이다. 그래서 글은 하나의 동상과도 같다. 침묵으로 말하는, 침묵이 말하는 동상.

　언어가 침묵으로밖에 연기할 수 없는 것은 글의 가장 큰 나약함이다. 그러나 글은 말이 가지고 있지 못한 절대적인 힘을 가지고 있다. 말의 언어에서는 화자가 언어를 구속하지만, 글의 언어에서는 언어가 자신이 의미하는 것의 주인이 된다. 가령, 일상의 대화에서 화자가 언제든지 자신의 말을 취소하고 수정하고 대체할 수 있는 사상捨象의 자유를 누릴 수 있는데 반해서, 일단 완성되어 독자에게 제시된 글에서는 저자의 개입이 원천적으로 봉쇄되어 있다. 글의 주체, 즉 글의 언어가 의미하는 것의 주인이 글 자체일 수밖에 없다는 것, 이것이 곧 글의 힘이다. 이처럼, 저자에게서 '버림받은'

글은 외롭다. 태어나면서부터 함께 살아가야 할 외로움, 글의
운명이다. 독자만이 벗이 되어 글의 외로움을 덜어줄 수 있
다. 작가 또한 외롭기는 마찬가지이다. 작품이 그를 '해고' 시
켜 버리고 "나를 읽지 말라"고 명령한다. 하기야, 다시 읽어
본들 모자람이나 넘침을 수정할 수 없다는 것을 작가 자신이
누구보다도 잘 알고 있다. 그래서 작가는 이 모자람을 메우
고 넘침을 줄이기 위해 다른 글을 쓴다. 또 다른 언어의 연기
를 연출한다.

언어의 기만

　　문학은 존재의 거울이다. 모든 존재는, 의식적이든 무의
식적이든, 피상적이든 심층적이든, 자기 두려움을 가지고 있
다. 근본적으로 이 두려움은 실존의 불확실성에서 기인하는
것이라기보다는 존재 자체의 암흑성에 근거한다. 가능한 모
든 지식과 경험 그리고 이성의 작업을 통해 존재의 어둠에
빛을 투사하지만, 빛은 그 근저에 다다르기 전에 어둠에 흡
수되어 버린다. 그 어둠 속에 무엇이 갇혀 있는지 인간은 결
코 알 수 없다. 존재에 관한 한 어둠의 끝은 없다. 존재의 무
한l'infini은 바로 이 어둠의 무한이다.
　　그런데 이 무한은 역설적이게도 존재에게 무한한 가능성
을 열어 주기 때문에, 존재는 가능성의 존재가 되고, 존재의

삶은 불가능의 가능에 대한 도전으로 요약된다. 천문학이 천체의 신비에 도전하듯이, 의학이 인체의 신비에 도전하듯이, 문학은 존재의 어둠 속을 항해한다. 이 존재의 배에 승선해 있는 작가들의 항해 기록이 한 편의 작품이다. 어떤 이는 시로, 어떤 이는 소설로, 어떤 이는 에세이로 항해기를 작성한다는 차이가 있을 뿐, 이 기록들은 모두 존재에 관한 기록들이다. 다시 말해서 각각의 작품에는 존재의 단면들이 다양한 언어의 영상들로 투영되어 있다. 이 언어의 영상들이 투영되어 있는 거울이 곧 문학이다. 그런데 이 거울 속의 영상들은 허상이고, 거울 속의 존재는 실존의 존재가 아니라 허구적 존재라는 데에 문학의 비의가 기거한다. 다시 말해서 거울 속의 존재는 언어적 존재일 뿐이다.

　문학에 있어서 사실주의라는 말이 그 의미가 텅 빈 개념이라고 하는 것은 이미 여러 문학자들(블랑쇼, 카뮈, 바르트 등)에 의해서 지적된 바 있고, 오늘날 적어도 프랑스에서는 이에 대해 이의를 제기하지 않는다. 간단히 말해서, 문학은 현실을 언어로 표상하는représenter 것이지 복제하는copier 것이 아니라는 뜻이다. 엄밀히 말하면 현실을 복제한다는 것은 원천적으로 불가능한 일이다. 왜냐하면 복제하는 순간에 이미 동일한 현실일 수 없기 때문이다. 나뭇잎 하나가 떨어졌거나 구름이 바람에 실려 갔기 때문이다. 또한, 소쉬르가 『일반 언어학 강의』에서 지적했듯이 언어에 의한 지명은 현실과 유사하지 않다. 기호는 자연이 아니다. 언어와 현실 사이에는 불연속성이 존재한다. 문학이 제시하는 현실이란 실제 현실을 언어로 고정한 것이라기보다는 가상적인 사건과 존재들을 언어로 현실화시킨 가능적 현실이다.

작가는 이 언어적 현실을 실제 현실보다 더 사실적인 현실로 꾸며내려 하고, 독자는 언어적 현실을 마치 실제 현실인 것처럼 받아들인다. 그래서 독자는 소설이 하나의 허구에 지나지 않다는 것을 알면서도 책을 읽으면서 마치 작품 속의 현실이 세계 속의 현실인 것처럼 웃고 울고 한다. 영화 속의 주인공이 마지막 장면까지 죽지 않는다는 것을 경험적으로 뻔히 알면서도 죽을까봐 안달하는 관객처럼 말이다. 그런데 언어가 독자를 웃고 울게 하는 것은 언어의 기만mauvaise foi이다. 왜냐하면 독자를 허구의 세계로 유혹해서 가상의 삶을 살게 하기 때문이다. 흥미로운 것은 독자가 이러한 언어의 기만을 기만으로 받아들이지 않을 뿐만 아니라 오히려 더욱더 기만당하기를 바란다는 것이다. 기만을 당하면 당할수록 더욱더 큰 재미를 느끼기 때문이다. 반대로 독자를 기만하지 않는 소설은 마지막 쪽에 손때가 묻기도 전에 버림을 당할 가능성이 크다. 이처럼 엄연한 기만이면서 기만이지 않은 모순적 진리를 실천하는 것이 문학이다. 언어가 이와 같은 기만의 원흉임에도 독자는 언어를 탓하기는커녕 기만적인 언어에 찬사를 보낸다. 바로 여기에 언어의 힘이 있다.

언어가 조장해 내는 기만은 의도적인 속임수tricherie의 산물이다. 속임수는 예술, 특히 소설 예술의 본질이며, 예술의 진리는 바로 이 사기imposture에서부터 시작한다. 작가는 속이고 독자는 속는다(좀더 정확하게 말하면, 속아 넘어간다). 속이기와 속기의 어우러짐이 문학의 존재를 가능케 한다. 모리스 블랑쇼는 「소설, 기만의 작품」이라는 글에서 소설가의 기만과 독자의 기만의 만남이 소설 문학의 본질을 이루고 있다고 통찰하고 있다. 소설가는 자신이 창조해 낸 인물들이 미지의 타자들이고 자신의 이해 영역을 벗어난다는 것을 잘 알면서도 낱말들의 수단을 빌어 마치 조물주처럼 이 인물들을 마음대로 조작하고, 독자는 자기가 주인공이 아닌 것을 알면서도 상상력의 힘을 빌어 마치 주인공인 양하고, 허구를 현실로 착각하고, 그 허구 속에 스스로 빠져들어 현실과 유리된 삶을 놀이한다.

블랑쇼는 다음과 같이 말한다. "소설이란 낱말들에 기초해서 그리고 영원한 가상으로서의 글쓰기와 읽기라는 이중 행위에 의해서 허구적인 사건과 인물들이 현실화되는 작품이다. 이 허구가 현실화되기 위해서는 바로 낱말들이 필요하다는 것, 낱말들 이외에는 허구가 시위할 수 있는 어떤 특정한 수단도 가지고 있지 못하다는 것, 이러한 사실만으로도 허구가 얼마나 소설의 고유한 현실인가를 이해시키기에 족할 것이다." 한마디로, 문학은 거짓이다. 문학은 거짓을 감출 수도, 거짓으로부터 벗어날 수도, 거짓을 회피할 수도 없다. 그러나 이 거짓은 거짓을 위한 거짓이 아니라 진실을 위한 거짓이고, 자신의 가치에 대해 끊임없이 회의하는 거짓이다.

이 거짓의 회의가 문학적 진리를 심화시키는 원동력이다. 끊임없는 자기 회의 속에서 문학을 보듬는 거짓은 문학 작품의 원리이자 작품의 진정성을 가늠하는 척도이기도 하다. 위에서도 말했듯이, 이 문학적 거짓의 저자는 언어이다. 그래서 블랑쇼는 "소설은 언어의 기만으로부터 나오는 가장 매혹적인 결과"라고 지적한다.

알베르 카뮈의 소설 『전락』은 언어의 기만을 가장 대표적으로 보여 주는 작품들 중의 하나이다. 소설의 주인공이자 화자인 장-바티스트 클라망스는 미로처럼 얽혀 있는 운하의 도시 암스테르담의 주점 멕시코시티에서 우연히 만난 무언의 청자에게 자신의 과거를 털어놓는다. 그러나 그의 고백은 철저하게 계산된 고백, 치밀하게 짜여진 구도에 따라 타인들을 비난하기 위해 자신을 비난하는 말놀이이다. 자신을 "매혹적인 야누스"라 지칭하는 그는 다섯째 날이자 마지막 날의 고백에서 무언의 동반자에게 다음과 같이 말한다.

"아뇨, 내 말 중 절반밖에 농담이 아니에요. 당신이 무슨 생각을 하고 있는지 알아요. 내 이야기 가운데서 사실과 거짓을 구분해 내기가 정말이지 어렵다는 거지요? 당신이 옳다고 솔직하게 고백하지요. 나 자신도… 이거 알아요? 내 주변에 있는 한 사람은 인간들을 세 가지 부류로 나누곤 했어요. 거짓말을 해야만 하는 상황에 처하기보다는 감출 게 아무것도 없는 것을 선호하는 사람들이 있고, 감출 게 아무것도 없는 것보다는 거짓말하기를 선호하는 사람들이 있고, 마지막

으로 거짓말과 비밀을 동시에 좋아하는 사람들이 있다는 거
예요. 내가 어느 부류에 가장 적합한지를 선택해 봐요."

언뜻 보기에, 클라망스 자신이 자기 고백 가운데 반은 농
담이고 반은 농담이 아니라고 밝히고 있으므로, 무언의 청자
의 선택은 아주 간단한 것처럼 보인다. 그러나 문제는 무슨
근거로, 어떤 기준에 근거해서 사실과 거짓을 구분해 낼 수
있을 것인가? 이것은 무언의 청자만이 아니라 독자에게도 마
찬가지이다. 클라망스 자신이 아닌 한 어느 누구도 그의 고
백의 진위를 가려내는 것은 불가능하다. 그 자신이 이를 너
무나도 잘 알고 있어서, 그는 상대방에게 대답할 여유도 주
지 않고 듣는 이를 더욱 혼란에 빠뜨리는 미망의 언어를 늘
어놓는다.

"결국 무슨 소용이 있겠어요? 궁극적으로는 거짓말들이
진실의 길 위에 있는 게 아닐까요? 사실이든 거짓이든 내 이
야기들은 다 같은 목표를 지향하고 있는 게 아닐까요? 같은
의미를 가지고 있는 게 아닐까요? 그렇다면 내 이야기들이
사실이든 거짓이든 무슨 의미가 있겠어요? 두 경우 모두 과
거의 나와 현재의 나를 나타내고 있다면 말이지요. 때로는
사실대로 말하는 이에게서보다는 거짓말을 하는 이에게서
사태가 훨씬 더 명확하게 보이지요. 빛이 그렇게 하는 것처
럼 진실은 눈을 멀게 해요. 반대로 거짓말은 아름다운 저녁
노을이에요. 각각의 오브제를 돋보이게 하거든요."

마술적인 언어를 고도의 경지에서 추구한다고 평가받는

화자의 거짓 예찬을 들으면서, 독자는 그의 치밀한 논리와 수사학에 매료당하지 않을 수 없다. 그러나 첫 페이지에서부터 자신도 모르는 사이에 조금씩 조금씩 화자의 언어에 빠져들어 도취된 흥분에 점점 더 휩싸여 가다가 이제 최고조의 황홀한 최면 상태에 빠져든 독자가 그 황홀감을 채 맛보기도 전에, 클라망스는 독자의 의식에 단도를 내리친다.

"게다가 나는 고백 이외에 좋아하는 것이라곤 없어요. 고백록의 저자들은 특히나 고백을 하지 않으려고, 자기가 알고 있는 것에 대해서는 일절 언급하지 않으려고 글을 쓰는 거예요. 이들이 이제 고백하겠다고 힘주어 얘기할 때는 정신 똑바로 차려야 하는 순간이에요. 시체를 화장化粧하려는 순간이거든요. 내 말 믿으세요. 나는 금은 세공사예요."

마침내 클라망스는 자신이 거지말쟁이임을 드러낸다. 모든 독자는 클라망스가 금은 세공사가 아니라 고해 판사임을 알고 있다. 그래서 이제는 더 이상 그의 말을 믿을 수가 없다. 클라망스의 고백이 전체는 아니라 할지라도 상당 부분 지어낸 이야기라는 것을 독자는 깨닫는다. 또한 프랑스어의 금은 세공사orfèvre라는 낱말이 비유적 의미로 어떤 분야의 전문가나 대가를 일컫는다는 것을 아는 독자는 클라망스가 은밀하게 언어의 중의성을 십분 활용하는 말놀이를 하고 있으며, 고백의 대가, 즉 거짓의 대가임을 알아차린다. 독자는 클라망스의 고백이 독자를 농락하고 미망에 빠뜨리기 위한 텅 빈 언어, 허구임을 비로소 깨닫는다. 그러나 때는 이미 늦었다.

농락당할 만큼 농락당한 뒤이다. "이제 너무 늦었어요. 앞으로도 언제나 너무 늦을 거예요. 다행하게도!" 클라망스의 마지막 말이다. 독자가 언어의 기만에 놀아났다는 것을 늘 늦게 깨닫는 것은 참으로 다행한 일이다. 문학은 바로 이 '다행한 늦기' 덕택에 존재한다.

언어의 중의성

폴 발레리는 "문학이란 언어의 일부 속성들을 확장해서 적용하는 것 이외에 다른 아무것도 아니다"라고 했다. 언어가 가지고 있는 표현적 속성들 중에 가장 내재적인 속성은 아마도 현실과 언어 기호 사이의 차이에서 나오거나 언어 기호 자체가 여러 의미를 발산하는 모호성équivocité 혹은 중의성ambiguïté일 것이다. 『정신현상학』의 저자인 헤겔에 따르면, 언어는 인간의 내면을 "너무 많이 아니면 너무 적게" 표현한다. "너무 많이" 표현됨으로써 인간의 내면이 과잉 노출되어 산산조각으로 흩어지고, "너무 적게" 표현됨으로써 타자의 내면으로 둔갑해 버린다는 것이다. 과잉과 결핍 어느 경우에나 언어가 내면을 있는 그대로 표현해 내지 못함으로써 정체성의 문제, 대상과 묘사 사이의 불일치의 문제를 야기하는 모호성이 발생한다.

언어의 근원적 중의성에 가장 깊은 관심을 가졌던 모리

스 블랑쇼에 따르면, "말하는 게 별로 없기 때문에 언어가 투명한transparent 것인지 혹은 정확하게 말하기 때문에 언어가 명확한clair 것인지, 너무 많은 것을 말하기 때문에 언어가 막연한obscur 것인지 혹은 아무것도 말하지 않기 때문에 불투명한opaque 것인지를 알 수 없다. 중의성이 도처에 널려 있다." 투명하면서도 불투명하고, 명확하면서도 막연한 본성으로 인해 "언어는 매 순간 중의적일 수 있고 말하고자 하는 것과는 다른 것을 말할 수 있을 뿐만 아니라, 언어가 가지고 있는 일반적 의미가 불확실하다"는 것이다.

언어가 근원적으로 중의성을 지니고 있다는 사실은 사전을 펼쳐보는 것만으로도 쉽게 확인할 수 있다. 외국어를 배우는 사람들이 어려움을 겪는 것도 사전에 실려 있는 여러 의미들 중에 어떤 의미를 선택해야 하는지를 잘 모르기 때문이다. 게다가 한 낱말의 의미를 잘못 선택함으로써 문장 전체의 의미를 전혀 다르게 해석하는 경우도 종종 발생한다. 일상의 대화에서도 한 낱말의 의미를 발화자의 의도와 다른 의미로 이해함으로써 엉뚱한 대답을 하는 경우가 발생하기도 한다. 문제는 일상적인 의사소통이 가능하고 원활하게 이루어지기 위해서는 언어 사용자가 중의성을 최대한으로 배제해야 한다는 것이다. 사실 의도적으로 언어의 중의성을 활용하면서 자신의 의사를 전달하는 사람과 대화를 나누는 것보다 더 피곤한 일도 없다. 적어도 두 가지 이상의 경우의 수를 생각해야 하고, 두 가지 경우의 수가 낳는 2차적인 경우의 수, 3차적인 경우의 수 등 그 조합이 만들어 내는 의미들 중에서 하나를 포착하기란 여간 힘든 일이 아닐 수 없기 때문이다. 물론 이것은 극단적인 경우에 속하지만, 그렇지 않은 경우에도 의사소통의 굴절은 언제든지 가능하다. 오해가 그 대표적인 경우인데, 언어의 일반적 의미가 확실하다면, 오해는 발생하지 않아야 할 것이다. 다시 말해서, 말하는 동물인 인간에게는 언어의 불확실성, 즉 모호성과 중의성이 삶의 훼방꾼이라는 점에서, 언어가 지니고 있는 고질적인 결점이라 할 수 있다.

그렇다면 일상 언어에서는 결점으로 작용하는 중의성이 문학 언어에서는 어떠한가? 위에서도 말했듯이 문학은 존재의 어둠을 쫓는 사냥꾼이다. 그러나 아무리 쫓아도 어둠은 걷히지 않고, 오히려 어둠의 심장에 다가가면 다가갈수록 더욱 농염한 어둠이 그를 맞이하고, 그가 사냥해 낸 것은 결국 어둠의 파편들에 지나지 않다. 그럼에도 불구하고 그는 끊임없이 그리고 끈질기게 어둠을 사냥한다. 이 모든 것이 언어 행위로 이루어진다는 점에서, 그는 존재의 어둠에 빛을 투사하는 언어의 사냥꾼이다. 그는 어느 일상인보다도 언어가 본질적으로 중의성을 지니고 있다는 것을 잘 알고 있다. 그러나 그는 언어의 근원적 중의성을 두려워하거나 멀리하려 하지 않는다는 점에서 일상인과 다르다. 더 나아가 그는 언어의 중의성을 최대한으로 채굴해서 활용하려 한다는 점에서 일상인과는 다른 언어 행위를 실천한다. 중의성은 그에게 언어의 결점이 아니라 언어가 가진 가장 큰 힘으로 작용한다. 왜냐하면 존재의 어둠 속으로 침투할 수 있는 것은 이성의 빛이 아니라 그 어둠에 동화될 수 있는 친화력을 가진 중의적 언어이기 때문이다.

존재의 불확실성과 언어의 불확실성이 만나 포옹하는 곳이 곧 문학이다. 문학의 역할은 '나는 누구인가?'에 대한 대답을 제시하는 것이 아니라 '나는 어떤 인간인가?'를 있는 그대로 보여 주는 것이고, 존재의 비의를 캐내는 데에 있는 것이 아니라 존재의 비의를 드러내는 데에 있다. 존재의 비의는 방정식의 해답을 이끌어내는 논리적 언어로서가 아니라 비의를 은은하게 품고 있는 중의적 언어로서밖에 보일 수 없다. 블랑쇼는 "허구의 존재들이 허구적 특질을 간직하기 위해서는 오로지 모호한 표현l'équivoque 속에서밖에 구현될 수 없고, 언어의 역할은 중의성에 근거해서 허구의 존재들을 구현하는 것이다"라고 지적한다. 문학은 불확실성의 확실성, 불가능의 가능성, 허구의 진리를 제시하는 것이지, 완결된 진리를 선전하는 것이 아니다. 비어 있으면서도 차 있는 듯하고, 차 있는 듯하면서도 비어 있는 것, 이것이 바로 존재이고 문학이다. 공즉시색의 언어, 색즉시공의 언어일 때, 문학 언어는 존재의 언어를 가장 잘 대변할 수 있다.

문학의 언어는 침묵하는 말 혹은 말하는 침묵, 거짓 같은 진실 혹은 진실 같은 거짓에서 사람들을 유혹하는 힘을 얻는다. '인 듯하면서도 아닌 듯함'의 글쓰기가 추구하는 작품은 여러 가지로 해석될 수 있는 의미의 가능성을 품기 때문에 독자를 사로잡는다. 중의성은 언어의 깊이이자 넓이이다. 롤랑 바르트가 말했듯이, 문학 작품이 영원성을 가질 수 있는 것은 유일한 의미를 여러 사람들에게 강요하는 것이 아니라 여러 가지 의미들을 한 사람에게 제의하기 때문이다. 중의적 언어의 조화造化이다. 사실, 한 번의 읽기에 그 의미를 다 드러내는 작품처럼 싱거운 작품이 없고, 독자는 두 번 다시 그 책을 열지 않을 것이다.

언어의 감추기와 드러내기

프루스트의 소설 『잃어버린 시간을 찾아서』의 첫 문장("오랫동안 나는 일찍 잠자리에 들었다")이나 셀린느의 장편 『밤 끝으로의 여행』의 첫 문장("그것은 그렇게 시작되었다")은 많은 문학 연구자들의 관심을 끌고 분석을 유발하고 있다. 지극히도 일상적이고 간단하고 명확한 언어임에도 불구하고 그 이면에 작품 전체를 지배하고 암시하는 무엇인가를 감추고 있기 때문이다.

카뮈의 작품 『이인』[1]의 첫 구절은 더더욱 유명하다. "오늘 엄마가 죽었다. 어쩌면 어제였는지도 모르겠다. 나는 양로

---

1) 이 책에 실린 「이인 뫼르소」 참조.

원으로부터 전보 한 통을 받았다. '모친사망. 내일장례. 삼가
조의.' 이건 아무런 의미가 없다. 어쩌면 어제였을 것이다."
책을 열자마자 독자는 즉각적으로 어린 아이의 초보적이고
단순한 언어를 구사하는 화자 '나'의 경박한 언어 행위와 내
용의 심각함 사이의 괴리를 포착하고, 도대체 이런 '무색의
목소리voix blanche'로 말하는 자, 마치 타자처럼 얘기하는
자가 어떤 인간일까 하는 의문을 품게 된다. 어머니가 사망
했다는 소식을 접하고 슬픔을 표시하기는커녕 사망 날짜가
어쩌면 오늘이 아니라 어제였을 것이라고 애써 고집하는 자
는 도대체 어떤 인간일까? 의식의 내면이 텅 비어 있는 듯한
이 '낯선 자', 이 '이인'은 도대체 어떤 인간일까? 이 순간, 무
거운 망치에 한 대 두드려 맞은 듯한 독자는 이미 화자의 언
어에 매료당해 있고, 긴장감 속에서 의문을 풀기 위해 다음
구절을 읽어내려 가지 않을 수 없다. 게다가 좀더 분석적인
눈으로 들여다보면, "이건 아무런 의미가 없다"라는 문장에
서 의미가 없는 것이 과연 무엇을 지칭하는 것인지를 단정할
수가 없다. 어머니의 죽음인가? 전보에서 사용하는 상투어인
가? 아니면 발신자의 진부한 인사말인가? 엄밀하게 문법적인
차원에서 보면, 프랑스어 대명사 "이건Cela"이 지칭하는 것
은 어머니의 죽음일 수도, 전보의 상투어일 수도, 인사말일
수도 있어서 그 중 어느 하나에만 국한시키는 것이 불가능하
기 때문이다. 결과적으로 남는 것은 언어의 중의성이고, 이
중의성으로 인해 프랑스어에서 일상적으로 아주 흔히 사용

되는 간단한 표현 "이건 아무런 의미가 없다Cela ne veut rien dire"조차도 해석의 갈등을 불러일으킨다.

『말꾼』의 작가 루이-르네 데 포레는 언어의 특질에 대해 다음과 같은 매우 명철한 지적을 하고 있다. "언어는 드러내는 힘 못지않게 감추는 힘을 가지고 있는데, 때로는 드러내는 힘과 감추는 힘이 중첩되어 분별할 수 없는 하나가 되어 버린 나머지, 각자의 몫을 가려내는 데에 여간 애를 먹지 않는다." 언어의 감추기와 드러내기는 중의성을 조장하고, 이 중의성은 청자 혹은 독자를 혼란에 빠뜨린다. 그런데 사람들의 호기심을 은밀하게 자극하는 것은, 완벽하게 베일에 가려 있는 무엇이나 적나라하게 드러나 있는 무엇이 아니라, 의상 발표회장의 가릴 듯 말 듯한 옷을 걸친 여인처럼, 실체가 보일 듯하면서도 보이지 않는 무엇이다. 결국 문학 언어의 감추기와 드러내기가 야기하는 중의성은 독자를 유혹하는 힘으로 작용한다.

롤랑 바르트도 『글쓰기의 영도』에서 "소설의 글쓰기가 해야 하는 것은 가면을 씌움과 동시에 그 가면을 고자질하는 것이다"라고 강조한다. 가면의 일차적 기능은 착용자의 얼굴을 가려 누구인지 알아보지 못하게 하는 데에 있다. 가면을 쓴 자는 사람들이 자기를 알아보지 못하기를 바란다. 가면의 힘을 빌어 그는 평소에 할 수 없었던 혹은 하고 싶었던 행동들을 대담하게 실행하면서 가면의 미덕을 최대한으로 누리고자 한다. 그는 마치 타자처럼 행동하고, 더 나아가 사람들

이 그를 타자로 보기를 요구한다. 그는 타자를 즐기고, 타자
놀이에 빠진다. 비트겐슈타인의 표현을 빌리자면, "감추기와
체하기 놀이jeu de dissimulation et de simulation"를 즐긴다.
그러나 가면 놀이가 이어질수록 그는 은근히 누군가가 그가
누구인지를 알아봐 주었으면 하는 방정맞은 조바심을 느끼
게 된다. 그러다가 마침내는 사람들이 그가 누구인지를 알아
내도록, 여전히 가면을 쓴 채로, 타자 놀이를 그만두고 '나'
를 드러낸다. 그래도 안 되면, 끝내 그는 가면을 벗어 던진다.
모든 가면 놀이는 가면을 벗는 것으로 끝난다(가면 놀이 수법
은 적지 않은 소설들에서 쓰였다. 가령, 카뮈의 소설『페스트』에
서 화자 리외는 작품의 도입부에서 화자가 자신이 아니라 제삼
자인 것처럼 의도적으로 화자의 정체를 감추는 치밀한 서술을
장황하게 늘어놓고는 결말에 가서 비로소 자신이 화자임을 밝
힌다).

　가면은 가면에 불과하다. 다시 말해서 가면이 사람들을
유혹하는 것은 가면 자체가 아니라 실은 가면이 가리고 있는
얼굴이다. 가면이 벗겨지는 순간에 비로소 가면의 진정한 가
치가 드러난다는 말이다. 가면의 감추기는 얼굴을 드러내기
위한 과정에 지나지 않다는 것이다. 결국 가면의 기만은 감
추기에 있는 것이 아니라 드러내기에 있다는 것을 알 수 있
다. 소설의 글쓰기가 차용하는 가면 놀이는 독자를 유혹하기
위한 하나의 계획적인 수단이고, 가면과 얼굴 사이의 차이가
야기하는 의미의 변화 때문에 독자는 적어도 다시 읽기를 해

야만 하다. 독자가 다시 읽기를 한다면, 적어도 그 소설은 성
공한 작품이다.

언어와 침묵

"표현된 사고는 거짓이다." 러시아 시인 티우체프의 시
「침묵」의 한 구절이다. 언어가 심오하고 어두운 인간의 내면
을 제대로 표현해 내지 못한다고 생각하는 시인에게 언어는
사고의 반역자나 다름없다. 그래서 시인은 내면의 소리를 들
을 수 있는 침묵을 명령한다. "오직 침묵만이 위대하다. 그 이
외의 모든 것은 결함 투성이이다"고 한 시인 알프레드 드 비
니도 침묵을 예찬한다. 언어 철학자 브리스 파랭 역시 "언어
는 침묵으로 인도하는 논리에 지나지 않다"라고 그의 저서
『언어의 본성과 기능에 관한 연구』를 결론짓고 있다. 언어의
기만을 고발하기 위해, 침묵 예찬을 위해 언어를 빌리지 않
을 수 없는 역설에 빠지고는 있지만, 이들은 모두 언어의 힘
이 침묵의 힘을 능가하지 못한다고 역설하고 있다. 이에 반
해서 키에르케고르는 "가장 확실한 침묵은 침묵하는 것이 아
니라 말을 하는 것이다"라는 극단적으로 역설적인 주장을 편
다. 전자들은 말이 할 수 없는 것을 침묵이 완성한다고 하고,
후자는 침묵이 할 수 없는 것을 말이 완성한다고 한다. 하지
만 언어의 길 끝에 침묵이 있든, 침묵이 언어와 결혼함으로

써 진정한 가치를 인정받든, 말과 침묵은 피할 수 없는 숙명
적인 도반道伴이 아닐 수 없다. 빛과 어둠이 그렇듯이, 말과
침묵은 한 몸의 두 얼굴이다. 모든 말은 침묵에서 시작하고
침묵으로 끝난다. 말은 침묵을 깨뜨리지만 끝내는 침묵에 귀
의한다. 브리스 파랭의 지적대로, "한 편의 시는 기나긴 침묵
의 두 순간 사이에 있는 짧은 말"이다. 침묵은 말의 산실이다.
침묵은 말을 잉태하기 위한 기다림의 시간이다.

또한 침묵은 말의 자궁일 뿐만 아니라 말의 은신처이기
도 하다. 말이 침묵에 은신할 때, 즉 침묵으로 하여금 말하게
할 때, 이 말하는 침묵은 그 어떤 말보다도 언어로서의 힘을
행사한다. 침묵이 말할 때, 침묵의 소리 이외에는 아무 소리
도 들리지 않는다. 이 소리 없는 말이 어떤 언어를 숨기고 있
는지를 알 수 없다. 따라서 숨어 있는 언어로서의 침묵은 모
든 가능성이 열려 있는 말, 즉 영도零度의 언어, 무한의 언어
이다. 이 중성과 무한성으로 인해 침묵의 언어는 한편으로
불안을 조장하기도 하지만 다른 한편으로는 비의秘義를 자아
낸다. 말을 접고 영원한 침묵 속으로 은신해 버렸던 시인 랭
보 신화는 그의 시보다는 그의 침묵에 더욱 근거하고 있는지
도 모른다. 그의 침묵이 과연 무엇을 말하고 있는가에 대한
풀리지 않는 의문이 시인을 신화적 존재로 만들고 그의 시에
더욱 이끌리게 한다. 말라르메는 시 「주사위 던지기…」에서
공간적으로 침묵을 삽입함으로써 새로운 글쓰기를 시도하기
도 했다. 바르트는 「글쓰기와 침묵」이라는 글에서 중성적 글

쓰기 혹은 색깔 없는 글쓰기가 침묵의 존재 양식을 대변한다
고 지적하면서, 중성적 글쓰기보다 더 부정한infidèle 글쓰기
도 없다고 강조했다. 다행하게도 문학은 이 글쓰기의 부정不
貞함 덕택에 더욱 풍부한 의미를 산출할 수 있다. 침묵의 언
어가 그러한 것처럼, 글쓰기의 부정함이 낳는 것은 텍스트의
모호성 혹은 중의성이기 때문이다. 블랑쇼가 문학 작품을 동
상에 비유하는 것도 동상은 늘 침묵으로 말하기 때문이다.

　　문학은 침묵을 갈구한다. 문학이 갈구하는 침묵이란 숨
어 있는 언어로서의 침묵을 말한다. 좀더 쉽게 말하자면, 작
가의 목소리가 들리지 않는다는 의미에서의 침묵이다. 작가
의 목소리가 들리지 않는다는 것은 텍스트의 언어 자체가 말
한다는 것이다. 따라서 작가가 의도하는 의미가 독자가 이해
하는 의미와 얼마든지 다를 수 있고, 이 다름에 문학 언어의
진정한 삶과 가치가 기거한다. 또한 숨어 있는 언어로서의
침묵은 문학 언어가 '중지된 언어langage suspendu' 임을 의
미한다. 작가가 쓴 언어는 텍스트 상에 일시 정지한 채로 머
물러 있어서, 그 언어에 생명을 불어넣는 것은 바로 독자의
몫이라는 것이다. 한마디로 문학 언어는, 데리다의 용어를 빌
어 표현하자면, 차연différance된 언어이다. 이 차연된 언어의
산물이 곧 중의성이다.

　　블랑쇼는 "문학은 중의성을 구현하는 언어이다"라고 정
의한다. 언어의 중의성이 문학에 얼마나 풍요로운 삶을 안겨
주는가는 아무리 강조해도 지나침이 없을 것이다. 해석학자

가다머는 "아주 단순하게 말해서, 예술 작품을 특징짓는 것
은 결코 완벽하게 그 작품을 이해하지 못 한다는 것이다"라
고 지적하면서, "결코 하나의 예술 작품을 고갈시키지 못 한
다. 결코 비워내지 못 한다"라고 강조했다. 왜냐하면 유한 존
재로서의 인간은 무한의 언어가 창조해 내는 세계를 다 섭렵
할 수 없기 때문이다. 진정한 작품은 결코 마르지 않는 샘과
같다. 진정한 작품은 나이의 무게를 탓하지 않는다. 나이와
더불어 축적된 의미들, 즉 여러 읽기가 드러낸 의미들과 함
께 더욱 깊고 그윽한 맛을 내기 때문이다. 이 맛인 듯하면서
도 저 맛인 듯하기도 한 맛을 내는 중의적 언어의 조화造化가
문학 작품에 진정한 생명력을 불어넣는다. 언어는 문학의 심
이다.

비평이란 무엇인가?

우문의 허와 실

　비평을 논하기에 앞서 다음과 같은 질문들을 제기해 볼 수 있다.

　비평은 독자적인 문학 장르인가, 아니면 문학에 대한 부가 담론인가? 비평은 문학에 통합되어야 하는가, 아니면 문학의 주변으로 내몰려야 하는가? 비평은 문학 이론인가, 아니면 단순한 작품 해설인가? 비평은 창조를 선도해야 하는가, 아니면 창조 그 자체가 되어야 하는가? 비평은 문학에 봉사하는가, 아니면 문학을 이용해 먹는가? 비평은 문학에 반드시 필요한 것인가, 아니면 해로운 것인가? 지금 비평은 어디로 가고 있는가? 비평가는 실패한 작가인가, 아니면 진정한 창조자인가? 비평의 근거를 어디에서 찾아야 하는가? 작가에게서 아니면 텍스트에서? 과연 왜 비평은 필요한가? 비평은 어떤 글쓰기를 해야 하는가?

비평의 정체성에 대한 위의 물음들은 하나의 질문으로 요약될 수 있다. "비평이란 무엇인가?" 어리석은 물음이다. 이런 유의 질문은 이미 제시된 온갖 수많은 대답에도 불구하고 여전히 물음표를 떼어내지 못한 채 늘 생생하게 살아 있는 질문으로 남을 수밖에 없기 때문이다. 우문현답愚問賢答이라는 말이 있긴 하지만, 현답을 내놓을 수 있을지는 극히 미지수이다. 필자의 과문 탓도 크지만, 그 어떤 대답도 독자의 기대 지평에 전적으로 부응할 수 있는 결정적인 대답이란 애초부터 불가능의 영역에 속하기 때문이다. 그렇다고 해서 물음 자체가 무의미하다는 것은 아니다. 그와는 정반대로, 비평이 존재하는 한, 비평이 존재해야 하는 한, 끊임없이 제기되어야 하는 질문이다. 비평의 본질과 존재 이유를 밝히기 위해서 말이다. 비록 물음표를 떼어내지 못한 물음으로 남을지라도.

하이데거는 『존재와 시간』의 서두에서, 존재라는 개념이 너무나 일반적이고 자명하고 정의할 수 없는 개념으로 인식되기 때문에, "존재란 무엇인가?"라는 질문이 오랫동안 철학의 중심 문제로 다루어지지 않았다고 지적하면서, 존재의 의미를 탐구하기 위해서는 존재에 대한 물음이야말로 존재론의 출발점이 되어야 한다고 역설했다. 다시 말해서 "존재란 무엇인가?"라는 질문을 제기하지 않고서는, 존재 개념이 설정되지 않고서는, 존재의 의미를 찾아낼 수 없다는 것이다. 마찬가지로 비평의 존재 의미를 알기 위해서는 "비평이란 무엇인가?"라는 질문을 회피할 수 없다.

　나는 무엇인가? 어느 날 문득 내게 들이닥치거나 혹은 어쩌다 한번쯤은 자신에게 던지게 되는 물음이다. 물론 온갖 나의 지식과 지혜와 통찰력을 다 동원해도 속시원한 대답, 아니 적어도 내가 수긍할 수 있는 대답을 얻지 못한다. 인간 존재의 근원적인 불투명성을 다시 한 번 확인할 뿐이다. 여기에서 중요한 것은 바로 '다시 한 번'이 지닌 의미이다. '다시 한 번' 좌절한다 해도, '다시 한 번' 좌절함으로써 나의 한계를 깨닫게 되고, 그만큼 더 나를 알고 이해하게 된다. 그래서 나는 이 불투명한 존재에게 빛을 들이대어 조금이라도 어둠 속의 나를 투시하려는 도전에 나서게 되고, 비록 실패의 연속에서도 이따금은 '시지프의 행복'을 느끼기도 한다. 결국, "나는 무엇인가?"라는 물음은 고스란히 물음으로 남긴 하지만, 싱싱하게 되살아나는 프로메테우스의 간처럼 동일한 물음이면서도 새로운 물음이다.

　프랑스의 대표적인 문학 비평가 모리스 블랑쇼는 『문학공간』에서 다음과 같이 지적한 바 있다. "올바른 대답은 질문 속에 근거한다. 올바른 대답은 질문을 먹고 산다. 상식에 따르면, 대답이 질문을 없앤다고 하지만, 이러한 가벼운 주장은 별 의미가 없다. 진정한 대답은 언제나 질문에 달려 있다. 대답이 질문을 가둘 수는 있다. 하지만 그것은 질문을 열려 있

게 함으로써 질문을 질문으로 보전하기 위해서이다." 간단히
말해서, 진정한 대답은 질문을 없애는 것이 아니라 질문을
늘 질문으로 남게 하면서 질문을 '열린 질문'으로 보전한다
는 것이다. 즉, '열린 질문'을 생산해 내는 것이 진정한 대답
의 기능이라는 말이다.

　이 글은 "비평이란 무엇인가?"에 대한 하나의 대답을 제
시해 보려는 시도, 즉 고유한 의미에서의 에세이essai 그 이
상도 그 이하도 아니다. 따라서 이 글은 필자의 지극히 주관
적인 관점에서 출발하고 있으며, 이 글이 제시하는 대답에
대한 평가는 전적으로 독자의 몫이다. 20세기 프랑스 비평의
선구자 알베르 티보데는 "비평은 비평(비판)을 자극할 때에
만 살아 있다. 다시 말해서, 모자란 데가 있어서 독자의 수정
을 요할 때에만 비평은 살아 있다"라고 했다. 이 글이 과연
비평을 자극할 만한 가치를 지니고 있는지는 알 수 없지만,
이 글이 지향하는 자그마한 목표는 비평에 관해 생각해 보자
는 것이다. 굳이 말하자면, 비평의 자기 돌아보기이다.

　비평 개념을 철학적 개념으로 완성시킨 칸트는 비평을
이성의 활동으로 규정하면서, 이성의 합리적이고 비판적인
활동에 대한 정당성을 확보하기 위해서는 이성 자체를 검토
하고 비판해야 한다고 강조했다. 따라서 비평은 실제 생산된
지식들에 대한 비판이라기보다는 지식의 가능 조건들에 대
한 검토이자 이성의 힘에 대한 비판, 더 나아가서는 이성의
모든 체계에 대한 비판이다. 이성의 법정, 즉 이성이 자기 자

신을 심판하는 법정을 세워 비판하는 것이 곧 비평이다. 이러한 자기 반성적 행위를 통해서, 이성의 활동으로서의 비평은 자신의 판단에 대한 정당성과 합리성을 확보할 수 있고, 심판자적 기능을 수행할 수 있다. 한마디로, 비평은 비평을 비평할 때 자기 정체성과 정당성을 확보할 수 있다는 것이다.

비평인가 위기인가

프랑스어 명사 비평critique의 뿌리말은 라틴어 *criticus*인데, 라틴어 *criticus*는 희랍어 *kritikos*에서 온 말이고, *kritikos*는 희랍어 동사 *krinein*에서 파생된 실사이다. 희랍어 동사 *krinein*에는 '구분하다', '나누다', '(옥석을) 가리다', '(체로) 거르다', '선택하다', '선호하다', '결정하다', '설명하다', '해석하다', '심판하다', '판단하다', '평가하다', '판별하다', '감정하다' 등 여러 뜻이 담겨 있다. 따라서 어원적 의미에서 볼 때, 비평은 참과 거짓, 미와 추, 옳음과 그름을 가려 가치 판단을 내리는 이성적인 사고 행위를 일컫는다. 그래서 16세기의 인문주의자 스칼리제는 비평을 "정신의 작품에 담긴 장점과 단점들을 판단하는 기술"이라 정의했다.

굳이 스칼리제의 정의를 거론하지 않더라도, 현실적인 차원에서 보면 크게 두 가지 종류의 비평이 있다. 하나는 장점만을 부각시키거나 부풀리는 찬사나 칭송에 해당하는 소위 '주례사 비평'이고, 다른 하나는 단점만을 꼬집거나 비아냥거리는 비난이나 비방에 가까운 '헐뜯기 비평'이다. 그래서 『보바리 부인』의 작가 플로베르는 "지나치게 부풀리든지 아니면 죽여 버리는 것"이 비평이라고 힐난하기도 했다. 이처럼 비평의 부정적인 측면이 강조되면서, 비평은 곧잘 거부나 외면의 대상으로 인식되기도 한다. 실제로, 일상어에서 비평이라는 낱말은 고유한 의미에서보다는 파생된 의미의 비평, 즉 부정적 의미의 '비판'으로 흔히 사용된다.

그런데 플로베르의 지적을 거꾸로 해석해 보면, 비평은 대상 작품의 삶과 죽음을 결정하는 두려운 심판자이기도 하다. 비평의 심판자적 기능 역시 비평의 뿌리말 자체에 포함되어 있다고 볼 수 있다. 비평의 뿌리말인 희랍어 동사 *krinein*에서 파생된 명사가 *krisis*인데, 히포크라테스는 삶이냐 죽음이냐의 결정을 *krisis*라 했고, 플라톤과 아리스토텔레스는 법정이나 사법 절차에서 심판이 내려지는 과정과 그 결과나 결정 내용을 아울러 지칭하는 의미로 *krisis*를 사용했다. 이 *krisis*에서 나온 말이 '위기'를 뜻하는 불어의 crise와 영어의 crisis이다. 흥미로운 것은 '비평'이라는 명사에는 이 '위기'라는 뜻이 포함되어 있지 않은데, 비평의 형용사형(불어의 critique, 영어의 critical)에는 포함되어 있다. 가령, 삶과 죽음 사이를 오가는 환자를 두고 '위기 상태état critique'에 있다고 표현하거나, 풍전등화의 절박한 상황을 가리켜 '위기 상황situation critique' 이라고 표현하는 데에서 그 예를 찾아 볼 수 있다. 롤랑 바르트는 "비평한다는 것은 위기에 처하도록 하는 것이다"라고 말하기도 했는데, 어원적 의미를 십분 활용해서 표현한 비평에 대한 정의이다.

이처럼 어원적 의미에서 볼 때, 비평은 작품의 가치를 판단할 뿐만 아니라 작품의 생과 사를 결정하는 막중한 책임을 안고 있다. 특히, 잡지나 신문 같은 고전적 매체에서부터 인터넷이라는 현대적 매체에 이르기까지 다양한 경로를 통해서 비평이 이루어지는 오늘날, 비평의 영향력은 막강해서 시장 질서 자체를 좌지우지하기도 한다. 그만큼 오늘날의 비평은, 작품의 들러리에 불과하거나 작품에 더부살이하던 과거의 비평과는 달리, 하나의 권력으로서 문학의 중심에 자리 잡고 있다. 문제는 비평이 그러한 위상에 걸맞은 역할을 다 하고 있는가에 있다.

1990년대 중반 이후 프랑스에서는 비평이 창작을 죽여 버렸다는 일부의 극단적인 비판과 함께 "비평의 위기"를 거론해 오고 있다. '비평인가 위기인가' 라는 주제가 하나의 화두가 될 만큼, 비평에 대한 자기 반성과 자기 성찰이 작가와 기자, 비평가와 교수들에 의해 이루어지고 있다. 사실, 구조주의 비평이 인문학적 담론의 장을 장악했던 6-70년대 이후, 이를 대체할 만한 새로운 이론이 등장하지 못하고 있는 실정이다. 물론 1980년대에 생성 비평과 기호학적 비평이 등장하기도 했으나 스쳐 지나가는 바람에 그쳤을 뿐 구조주의 비평이 남긴 빈자리를 메울 수는 없었다. 아무튼, 비평의 위기로부터 벗어나려는 노력이 다양하게 진행되고 있는 상황 자체가 새로운 비평의 탄생을 알리는 전조가 아닐까 한다.

지나가는 길에 우리 비평계를 아주 간략하게 짚어보기로 하자. 최근에 벌어졌던 문화 권력 논쟁이나 주례사 비평에 대한 논란은 비평의 위기를 맞이한 비평계의 자구적 노력의 일환이 아닐까 생각된다. 우리 비평계를 거칠게 일별해 보면, 오늘날 우리나라에서 소통되고 있는 다른 대부분의 지식이나 학문들과 마찬가지로, 비평의 경우도 외국에서 수입된 이런 저런 이론들에 근거해서 비평 담론들이 재생산되고 있다. 자생적인 비평 이론이 논의의 틀을 제공할 수 없는 현실에서 외국의 이론들을 활용하는 것은 어쩌면 당연한 일인지도 모른다. 그렇다고 이런 현실을 단지 부정적인 시각으로만 바라보는 것은 어쩌면 '눈 가리고 아웅하는' 격에 지나지 않거나, 혹은 민족주의 이데올로기에 눈이 먼 편협된 사고의 소치에 지나지 않을 것이다. 그보다는 우리 비평계의 현실을 있는 그대로 인정하고서, 그렇다면 그 실상이 어떠한지에 대해 한 번쯤은 생각해 볼 필요가 있을 것이다. 이런 점에서 아래에 인용하는 정명환 교수의 글은 매우 시사적이다.

우리나라 평론가들의 글을 읽으면 나는 우선 그들의 방대한 학식에 경탄합니다. 세계 각국의 문학 이론은 두말할 것도 없고 정치학, 심리학, 철학, 언어학, 심지어는 자연과학에 관한 가지가지의 지식이 번거롭게 진열되어 있는 수가 많습니다. 또한 문학에 관한 좌담회가 열리더라도 어떤 공통적인 전제하에서의 구심적인 토론이 전개되지 않고 자기의 지식을 최대한 과시하기 위한 경연 대회를 연상케 하는 일이 한두 번이 아닙니다. 그러나 좀더 면밀히 살펴보면 내가 품었던 선망과 환상은 산산이 부서지기 일쑤입니다. 심오한 듯한 그들의 언어는 극히 유해하고 왜곡된 세컨드 핸드의 지식을 위장하고 있을 뿐이라는 것을 알게 되는 것입니다. 누구보다도 비평적이어야 할 비평가 자신이 자기가 모른다는 것을 모를 뿐 아니라, 모르는 것을 의식적으로 아는 체하려 한다는 폐풍弊風마저 느끼게 됩니다(『문학을 생각하다』, 문학과 지성사, 2003).

정곡을 찌르는 지적이다. 소크라테스의 무지론Docta ignoranita에 대한 무지를 비판하는 통렬한 지적이다. 그런데 위 인용문이 원래 1962년 『사상계』에 게재됐던 「평론가는 이방인인가」라는 글에서 따온 것임을 상기한다면, 참으로 생각할 거리가 많아진다. 과연 40여년이 지난 지금, 우리 비평계의 사정은 얼마나 달라졌을까? 불행하게도 대답은 그리 긍정적이지 못한 듯하다. 여전히 외국의 이런 저런 이론들을 소화 불량 상태에서 거론하는 경우가 적지 않기 때문이다. 게다가 이 이론들 대부분이 프랑스 산産인데, 영역본이나 중역본을 통해서 혹은 미국의 학계를 통해서 수입된 경우가 많다. 정명환 교수가 적시한 대로, "심오한 듯한 그들의 언어는 극히 유해하고 왜곡된 세컨드 핸드의 지식을 위장하고 있을 뿐이라는 것"을 인정하지 않을 수 없는 현실이다.

그러나 이 글은 이러한 현실에 대한 해부나 비판을 목적으로 두고 있지 않다. 따라서 어느 특정 학자나 비평가의 담론을 대상으로 삼지 않을 것이다. 위에서도 언급했지만, 이 시대의 비평의 정체성에 대해 논의해 보려는 것이 이 글의 지향점이다. 또 한 가지 덧붙여 둘 것은 이 글에서 제시하는 주된 내용이 국내 비평가들의 이론적 담론이 아니라 주로 프랑스 작가나 비평가들의 주장에 기초하고 있다는 점이다. 이 것은 필자가 불문학자의 한계를 벗어나지 못한 까닭도 있지만, 지난 세기 이후 적어도 지금까지는 프랑스 비평 이론이 전세계 비평 이론을 주도해 오고 있다는 점에서 그다지 무의미한 일이 아니라고 여겨지기 때문이다.

종과 눈

철학자 하이데거는 그가 "시의 시인"이라 부르며 독일 최대의 시인으로 꼽았던 횔덜린의 애독자이자 연구자로도 유명하다. 그는 횔덜린의 시를 논하면서 시詩를 공중에 매달린 종에, 비평을 허공에서 내려와 종에 부딪혀 미세한 불협화음을 내고는 이내 사라지는 한 송이 눈발에 비유한 바 있다. 종과 눈. 종은 스스로 울리지 않는다. 울리지 않는 종은 종으로서의 가치가 없는 종이다. 종이 울려야 사람들은 그 종의 존재를 알게 된다. 어쩌다가 한 번 울리는 종이 있는가 하면, 하루에도 여러 번 울리는 종이 있다. 여러 번 울리는 종일수록 종으로서의 존재 이유가 더욱 입증되고 그 가치가 더욱 인정받는 것이다. 작품도 마찬가지이다. 사람들의 입에 오르내리지 않는 작품은 자신의 존재를 알릴 기회마저 없으므로, 그만큼 자신의 가치를 인정받지 못하는 게 당연한 일이다. 종소리. 종의 언어이다. 시간에 따라, 날씨에 따라, 세기에 따라, 종지기에 따라 등등, 같은 종이면서도 다양한 종소리를 낸다. 작품도 마찬가지이다. 시대와 환경에 따라, 독자에 따라 다양한 의미가 발견된다. 중요한 것은 종이 울려야 한다는 것이다.

종을 울리는 것은 바로 허공에서 떨어지는 눈발이다. 눈이 종에 부딪친다. 종이 울린다. 과연 현실적으로 눈이 울리는 종소리를 들을 수 있는가의 문제는 덮어두기로 하자. 종과 눈의 메타포에서 하이데거가 강조하고자 한 것은 눈이 종을 울리고 나서 사라진다는 데 있다. 눈은 사라져도 종은 그 자리에 있다. 또 다른 눈발이 떨어져 또 다른 종소리를 내고선 사라진다. 아무리 많은 눈이 내려 종을 뒤덮는다 해도, 눈은 녹게 마련이다. 눈은 종을 울림으로써 자신의 사명을 다하고 사라진다. 그리고 종은 늘 그 자리에 있다. 모리스 블랑쇼의 비유를 빌린다면, 비평은 "자기 할 일을 다하고선 말없이 물러나는 종"과도 같다. 아무리 뛰어나고 고매한 비평도 보들레르의 『악의 꽃』이나 프루스트의 『잃어버린 시간을 찾아서』의 자리를 차지할 수 없다. 한마디로, 작품은 남고 비평은 사라진다. 장 루세는 이를 두고 "비평의 패러독스" 혹은 "비평의 설움"이라고 표현하기도 했다.

좋은 눈을 필요로 한다. 눈이 없으면 제 구실을 할 수 없기 때문이다. 종은 언제든지 눈을 맞이할 준비가 되어 있다. 또한 싸락눈이든 함박눈이든 진눈깨비이든, 어떤 눈도 맞이한다. 심지어 눈에 묻혀 눈종이 될 때도 있다. 하지만 눈이 녹고 나면 종은 늘 원래의 모습을 회복한다. 이처럼 종은 눈을 기꺼이 맞이하고 눈 덕택에 자신의 존재를 입증하긴 하지만, 결코 눈이 자기를 지우거나 자기 자리를 차지하는 걸 허용하지 않는다. 한편, 눈 또한 종의 자리를 차지하려는 게 아니다. 종을 울리고 나면 사라질 운명임을 익히 알고 있다. 종에게 생명력을 불어넣음과 동시에 자신의 사라짐을 감내하는 것이 눈의 삶이다. 간단히 말해서, 종과 눈의 존재 본질 자체가 다르다는 것이다.

작품과 비평도 마찬가지이다. 작품은 의미를 창조하고, 비평은 의미를 전달한다. 그러나 작품이 창조해 낸 의미는, 롤랑 바르트의 표현을 빌리자면, "일시 정지된 의미sens suspendu", 즉 스스로 살아 움직이는 의미가 아니라 발굴되고 탐험되기를 기다리는 의미이다. 이 휴면 상태의 의미를 깨우는 것이 비평의 일이다. 그래서 장 스타로뱅스키는 작품과 비평과의 관계를 다음과 같이 설명한다. "살아 있는 눈 *l'oeil vivant.* 작품은 이 '살아 있는 눈' 덕분에 존재하고 의미를 취하게 된다. 이 '살아 있는 눈'이 곧 비평의 시선이다." 비평의 눈이 살아 있을 때, 존재가 확인되고 작품의 의미도 살아난다. 아무리 훌륭한 작품도 비평에 의해 포착되지 못한다면, 때로는 아주 오랫동안 휴면 상태에 머물러 있어야만 한다. 이러한 현상은 문학의 역사에서 흔히 볼 수 있는 일이다. 사드의 경우가 그렇고, 스탕달도 그렇다. 이처럼 존재론적인 관점에서 볼 때, 작품과 비평은 숙명적인 공생 관계에 있다.

하지만 작품과 비평이 더불어 살아가야 하는 처지에 있음에도 불구하고, 작가와 비평가 사이의 갈등 관계는 해묵은 전통에 속한다. 흔히 작가는 비평가의 몰이해를 탓하고, 비평가는 작가의 재능이나 지성을 의문시한다. 플로베르는 "비평은 열 번째 뮤즈이다"라거나 "예술가가 되지 못해서 비평을 한다"라는 말로 비평과 비평가를 혹평했고, 이오네스코는 "비평가는 학교 선생이 되기보다는 작품의 제자가 되어야 한다"라고 점잖게 타이르기도 했다. 반면에, 롤랑 바르트는 "작가의 죽음"을 선언하면서 작품에 대한 작가의 개입을 전근대적 사고의 소치라고 지적했다. 좀더 직설적으로 말한다면, 작가의 권리는 '저작권'에 국한된 것이지 작품의 독자적 생존권까지 포함하는 것은 아니다.

바르트 이전에 모리스 블랑쇼는 "작가는 작품을 버리고,

작품은 작가를 해고시켜 버린다"는 말로 작가와 작품 사이의 탯줄을 아예 싹둑 잘라버리기도 했다(하기야 아이를 살리기 위해서는 낳자마자 탯줄을 끊어야 한다). 왜냐하면, 활자화된 모든 글은 글쓴이로부터 독립해서 스스로 존재하는 '언어 덩어리'가 되어버리기 때문이다. 종이 장인의 손을 떠나 어딘가에 걸려 있듯이 말이다. 작가가 작품을 '버린다'는 것은 결코 쉬운 일이 아니다. "문학은 곧 언어이다"라는 사실을 체득한 작가만이 내릴 수 있는 용단이다. 언어는 결코 개인의 소유물이 될 수 없을 뿐만 아니라, 오히려 언어가 인간의 사고를 지배하고 인간은 언어의 노예라는 사실을 깨달은 작가만이 취할 수 있는 결단이다. 작품에게 해고당한 작가도 외롭고, 작가로부터 버림받은 작품도 외롭다. 이러한 외로움을 블랑쇼는 『문학 공간』에서 "본질적인 고독solitude essentielle" 이라 했다.

이 "본질적인 고독"을 덜어주고 동반자가 되는 것이 바로 비평이다. 비평과 비평가도 외롭기는 마찬가지이다. 언어의 틀 안에 있기 때문이다. 제라르 즈네트의 말이 떠오른다. "작가와 마찬가지로, 비평가에게는 두 가지 사명밖에 없는데, 사실 이 두 가지 사명은 하나의 사명에 다름 아니다. 즉, 글을 쓰고는 침묵하는 것이다." 글이 말을 하도록 내버려두는 것, 이것이 작가와 비평가의 업業이다. 이런 관점에서 보면, 작가와 비평가의 갈등은 부질없는 일인 것처럼 보인다. 게다가, 위에서 논의했던 종과 눈의 관계를 다시 한 번 생각해 본다면, 갈등의 원인 자체가 유명무실해져 버린다. 거듭 말하거니와, 종은 스스로 울리지 못한다. 그런데 종은 울려야 만 종소리가 난다. 종을 울리는 것은 바로 눈이고, 눈은 종을 울리고 난 뒤 사라진다. 여기에서 상기해야 할 것은 종을 울리는 자가 종을 만든 장인이 아니라는 것이다. 누구든지(물론 장인을 포함해서) 종을 칠 수 있고, 자기가 원하는 대로 한 번이든 두 번이든, 작게든 크게든 종소리를 낼 수 있다. 비록 장인이 종을 주조하면서 생각했던 가장 아름다운 종소리를 내는 방식이나 박자와는 무관하다 하더라도 말이다. 눈 또한 종을 울린 후 사라져야 하는 운명을 거역할 수 없다. 남극이나 북극의 눈이 아닌 한 말이다.

　그렇다면, 작가와 비평가의 갈등은 지나친 자기 집착에서 나온 것에 지나지 않다. 이러한 자기 집착의 폐해는 글 자체의 가치가 극도로 축소될 수 있다는 데에 있다. 다시 말해서, 글이 담고 있는 풍부한 의미들을 글쓴이의 의도에 옭아맴으로써 글의 생명력이 위협받는다는 것이다. 무고하고 다재다능한 자유인을 감옥에 집어넣는 꼴이다. 물론 작가와 비평가의 갈등을 부정적인 시각으로만 바라보아서도 안 될 것이다. 갈등으로 인해 새로운 눈이 뜨이고, 새로운 지평이 열리고, 새로운 사고가 탄생하고, 새로운 창조가 이루어질 수 있기 때문이다. 결국, 적절한 긴장 관계는 작가나 비평가에게 창조적 정신을 고취시켜서 문학의 종, 즉 언어의 종으로서의 본분을 최대한으로 다하게 하는 자극제이자 활력소가 될 것

이다. 그럼으로써 그들은 파시스트가 아니라 진정한 민주주
의자가 될 것이다.

비평은 메타 언어만이 아니다

작가는 창조하고, 비평가는 재창조한다. 작가와 비평가
의 고유 영역을 구분할 때 흔히 하는 말이다. 즉, 작가의 영역
이 글쓰기écriture라고 한다면, 비평가의 영역은 다시 쓰기
réécriture라는 것이다. 그래서 『형식과 의미』의 저자 장 루세
는 "비평가는 작품을 쓰는 게 아니라 작품이 어떻게 쓰여졌
는지를 규명하고 보여 주기 위해 작품을 탐험한다"라고 했
다. 제라르 즈네트는 현대적 의미의 비평을 "창조하지 않는
창조자들의 비평"이라고 정의하면서 "작가가 세계를 심문하
는 반면에, 비평가는 문학, 즉 기호 세계를 심문한다. 그런데
작가에게 기호였던 것(작품)이 비평가에게는 의미가 되고,
또 다른 차원에서 보면 작가에게 의미였던 것(작가의 세계관)
이 비평가에게는 문학의 본성에 대한 상징으로서의 기호가
된다"라고 했다. 두 비평가의 주장은 전형적인 구조주의 비
평의 입장을 대변하고 있다.

구조주의의 선구자 롤랑 바르트는「비평이란 무엇인가?」
에서 다음과 같이 문학을 정의하면서 비평의 대상을 분명하
게 제한하고 있다. "세계가 존재하고, 작가가 말한다. 바로 이

것이 문학이다. 그런데 비평의 대상은 전혀 다르다. 비평의 대상은 '세계'가 아니라 글discours, 타자의 글이다. 비평은 글에 대한 글discours sur un discours이다. 그러므로 비평은 1차 언어(혹은 대상 언어 langage-objet)에 가해지는 2차 언어 혹은 메타 언어이다." 작품은 세계를 말하고, 비평은 작품을 말한다. 따라서, 비평의 대상은 우리가 몸담고 살아가는 현실 세계가 아니라 작품, 즉 작가에 의해 언어로 기술된 세계이다. 작품의 언어가 현실 세계를 대상으로 삼는 1차 언어인데 반해서, 비평의 언어는 작품의 언어에 대한 언어, 즉 메타 언어이다. 그러므로 메타 언어는 현실 세계에 대한 담론이 아니라 작품의 언어에 대한 담론이다.

바르트는 "비평이 메타 언어에 지나지 않다는 것은 곧 비평의 사명이 어떤 '진실'이나 '진리'들을 발견해 내는 것이 결코 아니라, 단지 '정당성'만을 발견해 내는 것이다"라고 부연하고 있다. 그러므로 비평은 프루스트가 "사실대로" 말했는지, 프루스트가 묘사한 사회가 정확하게 역사적 현실을 재현하고 있는지를 밝히는 게 아니다. 또한 작품이나 작가에게서 지금까지 발견해 내지 못했던 "감춰진" 혹은 "심오한" 혹은 "비밀스러운" 무엇인가를 발견해 내는 것도 아니다. 비평은 "작품의 의미를 해독하거나 작품의 메시지를 재구성하는 것"이 아니라, "작품의 의미를 구성하는 규칙이나 틀을 재구성하는 것"이다. "문학은 정녕 언어, 즉 기호 체계일 뿐이고, 문학의 실체는 메시지에 있는 것이 아니라 이 기호 체계에 있다." 따라서 "언어학자의 일이 한 문장의 의미를 해독해 내는 것이 아니라 이 의미를 전달 가능케 하는 형식 구조를 밝혀내는 것과 같이, 비평가가 해야 할 일은 작품의 메시지를 재구성하는 것이 아니라 단지 그 체계만을 재구성 해 내는 것이다."

바르트의 주장을 간단하게 요약하면, 작품은 세계를 말하고 비평은 작품을 말하는데, 작품은 곧 언어 덩어리에 지나지 않으므로, 비평은 이 언어 덩어리가 어떻게 구성되어 있는지를 밝히는 기능적이고 "형식적인 작업"이다. 좀더 쉽게 표현하자면, 여기 빵이 하나 있는데, 비평가의 일은 빵과 인간과의 관계를 밝혀내는 것이 아니라 빵의 구성 성분들이 무엇이고 그 성분들이 어떻게 조합되어 있는지를 분석해 내는 것이다. 장발장이 왜 빵을 훔쳐야 했는지, 장발장에게 빵의 의미가 무엇인지, 위고가 왜 장발장으로 하여금 빵을 훔치게 했는지에 더 큰 관심을 기울였던 이전의 비평에 비교해 보면, 바르트의 비평은 1960년대 당시에는 새로운 비평이었다. 구비평의 옹호자인 레이몽 피카르 교수는 "새로운 비평"이 아니라 "새로운 사기"라고 신랄하게 비판하기도 했지만, 언어가 문학의 실체라고 인식한 것은 분명 새로운 사기가 아니라 새로운 사고였다. 문제는 언어를 시니피앙과 시니피에로 구성된 기호로만 봄으로써, 즉 언어의 본성을 고려하지 않은 채 언어의 구조에만 관심을 둠으로써, 문학으로부터 삶을 배제해 버린 데 있었다. 문학을 설명하기 위해 언어학 이론은 끌어들였지만, 언어 철학은 도외시한 결과였다. 구조주의 비평의 한계였다.

하이데거는 휠덜린에 관한 연구에서 "오로지 언어가 있는 곳에만 세계가 있다"라고 역설했다. 거꾸로 말하면, 언어가 없는 곳에는 세계도 없다는 것이다. 언어는 세계의 단순한 구성 요소가 아니다. 언어가 있기에 세상이 돌아간다. 언어가 우리의 삶을 가능케 한다. 우리가 세계를 경험하는 것은 언어를 통해서이다. 게다가 언어로 표현되지 않는 경험은 실질적으로 아무런 의미가 없는 경험이나 다름없다. 또한 우리의 사고를 주도하는 것도 언어이다. 언어가 없다면 사고 자체가 이루어지지 않는다. 우리는 언어를 빌어서 언어의 틀 안에서 사고 행위를 실천하는 것뿐이다. 언어 안에서 언어로 사고하고 경험하는 인간에게 언어는 삶의 모든 것을 담고 있는 그릇과도 같은 것이다. 그래서 하이데거는 "언어는 존재의 거소이므로, 예술 작품은 진리를 드러내는 여러 양식들 가운데 하나이다"라고 했다. 간단히 말해서, 언어에는 삶이 담겨 있고, 삶의 표현 주체 역시 언어이다. 이러한 언어가 갖가지 꽃을 피우는 곳이 바로 문학이다.

위에서 이미 인용했지만, 바르트는 "세계가 존재하고, 작가가 말한다. 바로 이것이 문학이다"라고 했다. 문학의 정의에 관한 한, 아마도 이만큼 간결하고 명쾌한 정의도 찾아보기 힘들 것이다. 그리고 바르트는 "문학은 언어일 뿐이다"라고도 했다. 그렇다면, 문학이란 '세계를 말하는 언어'이다.

그런데 바르트는 비평을 메타 언어로 규정하면서, 첫째로 세계를 망각해 버렸고, 둘째로 언어의 형식(기호)만을 중시했을 뿐 언어의 내용(의미)은 무시해 버렸다. 말하자면, 인간을 논하면서 외면만 바라보았지 내면은 배제해 버린 것이다. 삶이 없는 인간, 영혼이 없는 육체만을 대상으로 삼은 것이나 마찬가지이다. 구조주의 비평이 문학이라는 옥토를 황무지로 만들어 버렸다는 비난을 면치 못하는 것은 바로 이러한 이유에서이다.

비평은 메타 언어만이 아니다. 그렇다고 현실 세계를 대상으로 삼는 것도 아니다. 또한 작가의 뒤꽁무니를 쫓는 일은 전기 작가만으로도 충분하다. 비평은 세계를 말하는 언어에 대한 설명이자 언어로 표현된 세계를 이해하려는 정신 활동이다. 폴 리쾨르의 해석학을 빌어 표현하자면, 비평이란 곧 텍스트에 대한 설명과 이해이다. 여기에서 텍스트를 설명한다는 것은 전통적 의미에서의 비평 작업, 즉 텍스트의 의미를 탐험하고 발굴하고 전달하는 작업을 일컫고, 텍스트를 이해한다는 것은 비평가가 텍스트와의 대화를 통해서 새로운 '나'를 발견하는 작업을 말한다.

비평은 창조이다

언어가 사고하고 언어가 창조해 낸 것이 바로 문학 작품이다. 언어에 의해 창조된 세계는 현실 세계가 아니다. 프루스트가 글쓴이의 '나'는 현실의 '나'가 아닌 "다른 나un autre moi"라고 지적했듯이, 비록 작품이 세계의 현실을 그리고 있다고 해도, 작품의 세계는 현실의 세계와는 '다른 세계'이다. 해석학자 폴 리쾨르는 이 '다른 세계'를 "텍스트의 세계"라고 부른다. 이 "텍스트의 세계"는 우리가 살아가는 세계가 아니라 "우리가 살아갈 수도 있는 세계"이다. 그리고 "우리가 살아갈 수도 있는 세계"를 보여 주고 탐험하는 것이 바로 문학이다.

비평은 언어에 의해 창조된 세계, 즉 "텍스트의 세계"를 이해하는 작업이다. 그렇다면 왜 텍스트의 세계를 이해하려 하는가? 해석학의 대답은 이렇다. 텍스트의 세계를 통해서 현실 세계와 '나'를 더 잘 알고 이해할 수 있기 때문이다. 말하자면, 텍스트는 현실 세계의 거울인 동시에 '나'의 거울이기도 한 것이다. 리쾨르에 따르면, "직접적인 자기 인식connaissance de soi immédiate"은 불가능하다. '나'를 알기 위해서는 타자의 매개가 절대적으로 필요하다. 타자의 눈에 비친 '나'와 내가 바라보는 '나'는 다르다. 냉철한 이성의 판단이나 경험적 판단에 의하면, 전자가 후자보다 '나'의 정체성을 더 잘 드러내 준다. 텍스트는 '나'를 알게 해주는 최고의 매개자이다. 세계의 경우도 마찬가지이다. 현실에 파묻혀 살아가는 '나'에게 세계는 잘 보이지 않는다. 한 걸음 비켜서서 바라보아야 한다. 바로 이 한 걸음 비켜서서 바라볼 수 있는 자리를 텍스트가 만들어 준다.

비평은 타자의 담론에 대한 재담론에 불과한 것이 아니다. 비평가는 비평가이기에 앞서 독자이다. 왜 책을 읽는가? 현실적인 차원에서 볼 때, 비평가가 책을 읽는 이유는 너무나 자명하다. 비평을 쓰기 위해서이다. 그러나 기계적이고 기능적인 인간으로 전락하지 않기 위해서는 비평가이기에 앞서 독자라는 사실을 항상 상기해야 할 것이다. 왜 책을 읽는가에 대한 고민이 필요하다. 그래야 주례사 비평이나 헐뜯기 비평으로부터 멀어질 수 있다. 작가 곰브로비치는 그의 일기에 다음과 같이 쓰고 있다. "문학 비평은 한 인간이 다른 인간을 심판하는(도대체 누가 그런 권리를 당신에게 주었는가?) 것이 아니다. 그보다는 양자 모두 절대적으로 동등한 권리를 가진 두 개성간의 갈등의 문제를 안고 있다. 그러니 심판하지 말라. 당신의 반응을 기술하는 것으로 족하라. 작가에 대해서도 그의 작품에 대해서도 말하지 말라. 작품과 마주선 당신, 작가와 마주선 당신 자신에 대해서 말하라. 당신이 말해야 할 것은 바로 당신에 대해서이다." 아나키스트 작가 아나톨 프랑스도 "훌륭한 비평가는 걸작을 얘기하면서 자기 영혼의 모험을 얘기하는 자"라고 했다.

작가와 마찬가지로, 비평가도 고유한 정신과 고유한 사상, 고유한 사고와 고유한 언어, 그리고 문학을 바라보는 고유한 눈을 가지고 있다. 작가가 자기만의 세계를 창조하듯이, 비평가도 자기만의 고유한 비전을 자신의 글 속에 담는 것은 당연한 일이다. 보들레르는 "위대한 시인들은 모두 숙명적으로 비평가들이다"라고 했다. 시인이 곧 비평가이듯이, 비평가도 시인이 되어야 한다. 시인과 비평가. 둘 모두 글쓰기를 업業으로 삼는 이들이다. 시를 쓰든 비평을 쓰든, 중요한 것은 글을 쓴다는 것이다. 어떤 글을 쓸 것인가에 대한 고민이 필요하다. 언어 노동자인 시인은 끊임없이 고민하며 낱말 사냥에 나선다. 그렇다면, 비평가라고 해서 낱말 사냥꾼이 되지 말라는 법이라도 있는가? "비평가는 말verbe의 예술가가 되어야만 한다." 곰브로비치의 말이다. 글에는 멋과 맛이 있다. 언어 자체가 멋과 맛을 지니고 있기 때문일 것이다. 시에는 멋과 맛이 있는데, 비평에는 멋과 맛이 있어서는 안 되는 걸까? 비평은 창조이다.

문학 언어의 중의성
— 모리스 블랑쇼의 문학 읽기

"위대한 부재자"

블랑쇼의 비평서 『문학 공간』이나 『미래의 책』(갈리마르 출판사의 폴리오 판)을 열면, 두 줄의 짧은 글이 우리의 시선을 끈다. "소설가이자 비평가인 모리스 블랑쇼는 1907년에 태어났다. 그의 삶은 온통 문학과 그에 고유한 침묵에 바쳐져 있다." 저자 소개를 갈음하는 이 문구, 마치 자기를 드러내기가 부끄럽기라도 한 듯 아주 작은 활자로 인쇄된 이 문구는, 그 간결함과 단순함에도 불구하고, 블랑쇼와 그의 문학 세계를 가장 적확하게 설명해 주는 압축적인 표현인 듯하다. 레비나스가 지적했듯이, "블랑쇼의 예술 소명은 비할 데가 없기" 때문이다. "문학이 아닌 모든 것을 나는 증오한다" 혹은 "나는 오로지 문학일 뿐, 다른 무엇일 수도 없고, 다른 무

엊이고 싶지도 않다"라고 고백했던 카프카처럼, 블랑쇼에게
문학은 시지프의 바위와도 같다. 1968년 5월 행동하는 지성
인으로서 학생들과 함께 거리로 나섰던 그는 68운동이 실패
로 돌아간 직후부터 2003년 2월 사망하기까지 외부와의 접
촉을 차단한 채, 레비나스를 비롯한 몇몇 지기知己들과의 드
문 만남을 제외하고는 철저하게 은둔 생활을 했다. 크리스토
프 비당의 표현대로, "보이지 않는 동반자"였고, 이제 그는
우리에게 "위대한 부재자"이다.

　하지만 허약한 몸과 구십을 넘은 나이에도 불구하고『내
죽음의 순간』과『어느 곳에선가 들려오는 목소리』를 출간했
듯이, 그의 침묵의 바위는 결코 말을 멈춘 적이 없다. 그의 침
묵은 "침묵 속에서조차 말하는 침묵"이다. 그의 말대로, "침
묵, 없음(無)은 곧 문학의 본질"이고, "이 침묵의 샘은 글을
쓰는 자가 초대받은 자기 지우기 속에 있다." 그가 즐겨 쓰는
이러한 표현들은 단순히 사고의 역설을 즐긴다거나 수사학
적 치장으로서의 모순 어법 놀이에 탐닉하는 현학주의의 산
물이 아니라, 문학에 대한 그의 심오한 경험의 가장 순수한
표현들이다. 진정한 창조는 작품이라는 거울에 투영되기만
을 기다리고 있는 이미 완성된 삶의 표현이 아니라, 하나의
경험, 즉 글쓰기를 통해서 글을 쓰기 이전에는 소유하고 있
지 못했던 존재에게로 다가가는 경험이다. 이러한 창조적 경
험을 블랑쇼는 "근원적 경험l'expérience originelle"이라 부르
고 있다. 블랑쇼는 그의 책『카프카 카프카』에서 "고독자에

의해 창조되고 고독 속에 갇혀 있는 작품은 그 안에 모든 이들의 관심을 끄는 관점을 담고 있고, 다른 작품들과 시대의 문제들에 대한 암묵적인 심판을 내리고 있다"라고 했다. 물론 이 말은 카프카의 작품을 염두에 두고 한 말이지만, "고독자에 의해 창조되고 고독 속에 갇혀 있는 작품"은 바로 블랑쇼 자신의 작품이기도 하다.

문학이란 무엇인가?

블랑쇼의 글들은, 허구의 작품이든 비평 에세이든, 독자를 매료해서 붙들어놓고 마침내는 흡입해 버린다. 그만큼 그의 글들은 독자의 감성과 지성을 자극하고 현혹하는 침투력을 지니고 있으며, 언어적 상상력과 철학적 이성을 살찌우는 신비스러운 힘을 가지고 있다. 그의 문학과 예술에 대한 심오한 성찰들은 헤겔, 니체, 하이데거 그리고 레비나스의 철학을 두루 섭렵해서 구축한 그의 고유한 사고 체계와, 사드, 휠덜린, 말라르메, 카프카, 프루스트, 르네 샤르 등과의 내밀한 대화를 통해 축적된 문학적 사유의 전통에 기초하고 있으며, 거기에다가 그만이 가지고 있는 특유의 언어 연금술과의 만남으로 더욱 심화되어, 세계와 인간 존재의 어둡고 은폐된 부분을 조명해 보려는 작업으로 발현한다. 이런 탄생적인 이유로 해서, 그의 글들은 깊이뿐만 아니라 넓이에 있어서도 접근하기가 어려운 게 사실이고, 게다가 그가 즐겨 구사하는 중의적 언어는 흔히 난해성의 한계를 넘나들고 있어서,[1] 독자들이 때로는 당혹감과 난처함을, 때로는 거부감과 거리감을 느끼는 것도 사실이다.

한때 블랑쇼에 심취했던 미셸 푸코는 "오늘날 우리가 말하는 언어 속에 횔덜린, 카프카, 말라르메가 넘쳐나는 것은 바로 블랑쇼 덕택이다. 블랑쇼는 문학의 헤겔이면서, 그와 동시에 헤겔의 반대편에 있다"고 강조했을 뿐만 아니라, "문학에 대한 모든 담론을 가능케 한 것도 바로 블랑쇼이다"라고 비평가 블랑쇼의 기여를 높이 평가한 바 있다. "문학의 헤겔"이라는 푸코의 지적이 단적으로 설명해 주고 있듯이, 블랑쇼는 우리에게 문학의 무한한 가능성과 무한한 지평을 열어준 "문학의 초월적 사상가"[2]이다. 그의 글을 지칭할 때, 흔히 사용되는 형용사가 난해한hermétique인데, 이 낱말은 연금술

---

1) 블랑쇼의 글들을 우리말로 옮기는 작업은 또 하나의 난해한 문제에 속한다. 세밀한 뉘앙스를 안고 있는 원문의 의미를 제대로 전달할 수 없는 경우가 허다하고, 그가 만들어낸 독특한 개념들이 복합적이고 포괄적인 의미를 담고 있어서 우리말의 한 낱말로 옮기는 게 부적절할 뿐만 아니라, 더욱이 그가 즐겨 사용하는 대립 개념들의 연합과 반복이 자아내는 효과음을 제대로 반향시킬 수 없기 때문이다. 이러한 결함을 보상하기 위해서, 이 글에서는 부득이한 경우 본문의 역어 옆에 원어를 병기하기로 하겠다. 가령, 블랑쇼의 핵심 개념들 중의 하나인 'l'autre'의 경우, '타자他者'로 옮기는데, 여기에서 주의할 것은 '타자'가 '다른 사람'만을 지칭하는 것이 아니라 '다른 것'도 지칭한다는 것이다. 이것은 한자어 '자者'에는 두 가지 뜻, 즉 '사람'과 '것(사물)'이 있음을 그대로 반영한 것이다. 이를테면, '전자前者'는 '앞의 사람'을 의미할 수도, '앞의 것'을 의미할 수도 있다.
2) 모리스 블랑쇼의 전기를 펴낸 크리스토프 비당의 표현.

적인alchimique, 비의적인ésotérique, 모호한obscur, 닫힌clos, 침투할 수 없는impénétrable, 이해하기가 어렵거나 불가능한 difficile ou impossible à comprendre 등의 의미들을 모두 아우르고 있어서, 그의 글의 성격을 규정해 주는 가장 적확한 수식어로 보인다. 굳이 이 낱말이 해석학herméneutique과 동일한 뿌리말, 즉 헤르메스Hermès에서 나왔다는 사실을 거론하지 않더라도, 모호하고 닫혀 있고 신비적이고 난해한 그의 글들은 아주 훌륭한 해석학적 대상으로서 전혀 모자람이 없다고 할 수 있을 것이다. 이와 같은 평가에서도 엿볼 수 있듯이, 그의 글들을 읽어내기가 어렵다는 것은 정평이 나 있다. 블랑쇼에 대한 접근이 어려운 것은 일반 독자들에게는 물론이고 전문가들에게도 마찬가지이다. 가에탕 피콩이 전하는 유명한 일화가 이를 잘 보여 주고 있다.『문학 공간』이 출간된 1955년에 올해의 비평상을 선정하는 심사위원단은 만장일치로『문학 공간』을 심사 대상에서 제외시켰는데, 그 이유는, 가에탕 피콩이 인용한 표현을 그대로 옮기자면, 심사위원들이 이 작품에 "겁을 먹었다intimidé"는 것이었다.

거의 반세기가 지난 오늘, 이 일화는 해묵은 사건처럼 보일 수도 있으나, 실상은 그렇지가 못한 것 같다. 20세기 후반의 프랑스 문학뿐만 아니라 철학에까지 미친 그의 지대한 영향력에 비추어볼 때,[3] 블랑쇼에 대한 연구가 생각보다 미미

---

3) 이를테면, 20세기 후반의 프랑스 철학을 대표하는 레비나스, 푸코, 데리다가 블랑쇼 애독자라는 사실은 잘 알려진 일이다.

하다는 사실만 상기해 봐도 '겁먹은' 상황에서 완전히 벗어나지는 못한 것 같다. 비록 1990년대 후반 이후 최근까지 블랑쇼에 대한 연구서들이 여러 권 나오기는 했지만, 현재로서는 초기 단계라고 하지 않을 수 없다. 어쩌면 문학에 관한 그의 심오한 성찰들과 전향적 시각은 아직 수용되기에는 이른 미래의 학(學)에 속하는지도 모른다. 그렇다고 블랑쇼에 대한 연구가 미진한 것이 소위 생존해 있는 작가에 대한 배려나 경의의 표현이라는 상투적인 변명으로 설명될 수는 없을 것 같다. 보다 근본적인 이유는, 블랑쇼를 읽고 해석한다는 그 자체가 커다란 위험을 안고 있기 때문일 것이다. 좀더 구체적으로 말한다면, 그의 사고 체계가 빔le vide과 참le plein, 안과 밖(혹은 곁), 나타남과 사라짐, 드러내기와 감추기, 존재와 무, 현전과 부재, 나와 타자 등 무수한 대립 개념들의 연합과 분리에 따른 변증적 논리와 세계와 존재에 대한 선험적 철학에 근거하고 있어서, 소위 '과학적' 혹은 '구조적' 지식만으로는 좀처럼 그 실체를 분명하게 인지하고 설명해 낼 수 없는 '근원적인 모호함' 속에 잠겨 있기 때문일 것이다. 이 근원적인 모호함을 블랑쇼는 부조리l'absurde라는 개념으로 설명하기도 하는데, 그에 따르면, 부조리란 이것도 저것도 아닌 중자le neutre(中者)로서 "우리의 언어 안에" 있지만, "의미 포착을 벗어나는 그것"이다. 블랑쇼의 문학에 관한 본질적 사유를 한마디로 요약한다면, 바로 '우리의 언어 안에 있으면서도 의미 포착을 벗어나는 그것'이라 할 수 있을 것이다.

　이 글은 블랑쇼 연구에 대한 위와 같은 현실적인 위험과 한계를 인정하는 데서 출발하고 있다. 굳이 밝히지 않더라도, 블랑쇼의 문학 읽기는 여러 권의 책으로도 천착될 수 있는 주제가 아니다. 이 글에서 논의하는 것은 결국 블랑쇼의 문학 읽기의 한 단편에 지나지 않을 것이다. 블랑쇼 연구의 선구자로 인정받는 프랑수아즈 콜랭을 비롯한 여러 비평가들이 지적했듯이, 블랑쇼가 끊임없이 탐구하고 사유하는 주제는 '문학이란 무엇인가?' 라는 질문이다. 그의 모든 글들은 바로 이 질문에 대한 대답을 끊임없이 시도하고 있다. "문학이 하나의 질문이 되는 순간, 문학이 시작된다는 것을 인정하기로 하자. […] 일단 글이 쓰이면, 그 글 속에는 작가가 글을 쓰는 동안, 아마도 작가 자신이 의식하지 못하는 사이에, 끊임없이 작가에게 제기되었던 질문이 들어 있다. 자 이제 독자의 접근을 기다리고 있는 작품 안에는 동일한 물음이 소리 없이 자리 잡고 있다. 글을 쓰고 글을 읽는 자의 배후에서, 문학이 되어버린 언어가 언어에게 던지는 물음이다"(『카프카카프카』). 블랑쇼의 문학관을 단적으로 드러내 주는 압축적인 이 표현, 즉 '문학이 되어버린 언어가 언어에게 던지는 물음' 이 그가 끊임없이 제기하고 탐구하는 화두이다. 이 화두가 말해 주듯이, 블랑쇼에게 문학의 문제는 곧 언어의 문제이다. 언어는 문학의 시작이자 끝이다. 언어는 문학의 근본fond이자 형식forme이다. 거꾸로 말하자면, 문학은 언어의 집(家), 더 나아가 "언어의 유토피아"[4]이다.

문학은 언어의 예술이다. 작가는 '언어로서' 생각한다. 블랑쇼가 "모든 사고는 언어이다"라고 말하는 것도, 사고하기 이전에 이미 언어가 있어야 하고, 사고하기 위해서 언어를 빌려야 하고, 사고한 것을 표현하기 위해서도 언어가 있어야 하기 때문이다. 이처럼 인간은 언어를 통해서 세계를 경험하고, 언어를 빌려 나를 표현한다. 다시 말해서, "인간 현실과 세계를 기초하는 것이 바로 언어이다." 말하는 동물인 인간에게 언어는 존재의 초석일 뿐만 아니라, 실존을 가능케 해주는 틀과도 같은 것이다. 언어 철학자 브리스 파랭에 따르면, 인간은 "언어 안에 들어 있으며," 인간이 세계를 느끼는 것도 "언어 안에서"이다. 브리스 파랭의 역작 『언어의 본성과 기능들에 관한 연구』를 논하면서, 블랑쇼는 "언어는 인간을 표현하고 인간은 세계를 표현한다"라고 했다. 해석학자 한스-게오르그 가다머가 지적했듯이, 언어는 나와 세계가 만나는 장이다.

"문학은 언어에 얽혀 있고, 언어는 든든한 동시에 불안하다"라고 블랑쇼는 지적한다. 언어가 우리를 안심시키면서도 불안케 하는 것은, 언어가 "수수께끼들을 풀어내기보다는 수수께끼들을 만들어 내는" 근원적인 중의성ambiguïté[5]을 품고 있으며, 우리가 "낱말을 두 얼굴을 가진 괴물로 만들어 버

---

4) 롤랑 바르트가 『글쓰기의 영도』에서 사용한 표현.

리면서 말할 수밖에 없기" 때문이다. 따라서 블랑쇼가 "문학
에서는 중의성이 그 극치에 달해 있는 것이나 다름없다"라거
나 "중의성이 자기 자신과 실랑이를 벌인다"라고 단언하는
것은 자연스러운 논리적 결론이다. "문학 예술이라는 게 중
의적이기" 때문이다. 다시 말해서, "문학은 낱말들로 이루어
져 있는데, 이 낱말들은 현실적인 것에서 비현실적인 것으로,
비현실적인 것에서 현실적인 것으로의 끊임없는 변화를 조
작하기" 때문이다. 이처럼, 블랑쇼의 사고 체계 속에서 문학-

---

5) 프랑스어 낱말 ambigu의 사전적 의미는 '둘 혹은 여러 가지 가능한 뜻
들을 제시하거나, 혹은 그 해석이 불확실해서 여러 가지로 해석될 수 있
는' 특질을 가리킨다. 그래서 ambigu는 double, équivoque, obscur;
plurivoque, polysémique; ambivalent 등과 동의어로 쓰인다. 블랑쇼는
ambigu나 ambiguïté를 사용할 때, 위의 모든 의미들을 포괄해서 사용하
기 때문에 그 중의 어느 하나의 의미만으로 해석하는 것이 불가능한 경
우가 많다. 이 글에서는 형용사 ambigu를 '중의적'으로, 명사 ambiguïté
를 '중의성'으로 옮기고 있는데, 원어가 담고 있는 모든 뜻들을 포함하
는 의미에서이다. 한자말의 중의성重義性에서 '중重'에는 '크다' 혹은
'무겁다'는 뜻만이 아니라 '중자음重子音'의 예에서 보듯이 '겹쳐져 있
거나 합쳐져 있다'라는 뜻이 있다. 물론 중의성重義性에서의 '중重'은 후
자의 의미에 해당한다. 그리고 중의성重義性의 가운데 자字인 '의'가 '의
意'가 아니라 '의義'라는 것도 상기할 필요가 있다. 둘 다 '뜻'이라는 의
미를 가지고는 있으나, '의意'가 오로지 '뜻'이라는 의미로 국한되는데
반해서, '의義'에는 '의족義足'이나 '의치義齒'에서 보듯이 '대신하다'
라는 의미도 있고, 또한 '의형義兄'이나 '의절義絶'에서 보듯이 '맺다'라
는 의미도 있다. 따라서 한자어 '중의성重義性'은 프랑스어 ambiguïté의
본뜻을 어느 정도 훌륭하게 아우르고 있다고 하겠다. 여기에서 반드시
염두에 두어야 할 것은, 프랑스어의 ambiguïté가 단지 언어 상의 여러 의
미들의 겹침이나 합침을 말하는 것뿐만 아니라 어떤 사물이나 본질의 여
러 양상들의 어우러짐을 뜻하기도 하는 것과 마찬가지로, 우리가 말하는
'중의적重義的'이나 '중의성重義性'도 언어 현상에만 국한되는 것이 아
니라 모든 범주에서 나타나는 현상들에 적용된다는 점이다.

중의성-언어 세 요소는 너무나 내밀하게 얽혀 있어서 불가분의 혈연 관계에 있다. 블랑쇼는 '문학이란 무엇인가' 라는 질문에 여러 가지 대답들을 제시하고 있는데, 그 중의 하나가 바로 "문학이란 중의성을 구현하는 언어이다"라는 대답이다. 이 대답에는 블랑쇼의 문학에 관한 사유의 핵심이 들어 있다. 이 글에서 우리는 "문학이란 중의성을 품고 있는 언어이다"라는 블랑쇼의 명제를 우리의 화두로 삼고, 이 화두를 풀어보고자 한다. 우리의 화두 풀이는 블랑쇼의 텍스트들에 대한 해석학적 읽기를 통해 이루어지게 될 것이다. 다시 말해서, 블랑쇼의 텍스트들이 우리의 화두를 풀어 주게 될 것이다.

기만의 작품

작가는 세계를 말한다. 물론 작가의 세계 표현은 언어에 의한 재현représentation이다. 여기에서 재현이란 세계를 그대로 옮겨놓는 복사copie가 아니라 작가의 개별적 언어에 의한 창조création를 의미한다. 언어가 창조해 낸 세계는 현실의 세계가 아니라 허구의 세계이다. 소설이란 허구의 사건들과 허구의 인물들이 낱말들에 근거해서 구현된 작품이다. 블랑쇼의 문학 읽기가 매우 특이하고 독창적인 것은 허구 개념을 어느 누구보다도 극단적으로 해석하는 데에 있다. 그는

「사르트르의 소설들」에서 소설의 본질이 허구에 있고, 이 허구는 기만mauvaise foi의 산물임을 강조하고 있다. "불행하게도 허구의 작품은 정직함과 아무런 관련이 없다. 허구의 작품은 속임수를 쓰고, 오로지 속임수를 씀으로써만 존재한다. 허구의 작품은 거짓, 모호함, 끊임없는 속이기와 숨고 숨기기와 공모한다. 허구의 작품의 현실은 곧 있는 것과 없는 것 사이의 숨바꼭질이고, 허구의 작품의 진실은 환상과의 협약이다. [⋯] 허구의 작품이 현실과 마주치는 것은 상상에서이고, 진실에 접근하는 것은 허구에 의해서이다. [⋯] 소설은 기만의 작품oeuvre de mauvaise foi이다." 기만은 허구를 진실인 것처럼 꾸며내는 작가에게만이 아니라, 허구를 진실로 믿으려 하는 독자에게도 나타나는데, 블랑쇼가 강조하고자 하는 것은 기만이 문학의 본연에 속한다는 것이다.

「소설, 기만의 작품」이라는 글에서도, 글 제목 자체가 말해 주듯이, 블랑쇼는 기만이 "예술, 특히 소설 예술에 본질적인 속임수tricherie인데, 예술의 진실이 바로 이런 사기imposture로부터 시작되는 한, 이에 대해 한탄할 게 없으며," 게다가 "문학은 이런 거짓을 떨쳐버릴 수도, 감출 수도, 회피할 수도 없다"라고 단언한다. 그런데 "놀라운 것은 문학에 있어서 사기tromperie와 속임수mystification는 불가피할 뿐만 아니라, 사기와 속임수가 작가의 정직함을 구성한다." 왜냐하면 "여기[문학]에서는 기만이 곧 진실이고, 도덕과 진지함을 내세우면 내세울수록 속임수와 사기가 더욱 확실하게 승

리의 나팔을 불기" 때문이다. 문학에 있어서는 가장 진실인
것처럼 보이는 것이 최고의 거짓이 되고, 거꾸로 최고의 거
짓이 가장 진실한 것이 된다. 왜냐하면 문학은 현실의 법이
아니라 문학의 법, 즉 허구의 법을 따르기 때문이다. 허구의
진실이란 가장 거짓다운 거짓이다. 허구는 허구 안에서는 진
실이고, 허구는 "소설의 고유한 현실"이다.

　이런 관점에서 보면, "예술적 사실주의라는 것은 그릇된
주장이라기보다는 아무런 의미 없는 개념"에 지나지 않다.
현실과 허구 사이에는 메울 수 없는 틈이 있기 때문이다. "이
벌어진 틈écart을 문학은 절대적 가치로 삼는다." 현실과 허
구를 갈라놓는 이 '틈'은 바로 기만의 산물이다. 롤랑 바르트
는 콜레지 드 프랑스 취임 강연에서 문학 언어에 있어서 속
임수의 미덕을 극찬한 바 있다. "감히 말하자면, 언어를 가지
고서는 속임수를 쓰는 일밖에, 언어를 속이는 일밖에 없다.
언어를 절대 권력으로 받아들이게 하는 이 유익한 속이기,
이 교묘한 비켜나기, 이 기막힌 올가미 […], 나로서는 이것들
을 곧 문학이라 부르고자 한다." 바르트와 마찬가지로, 블랑
쇼가 문학의 본질에 관한 담론을 펼 때, 특히 허구의 작품인
소설을 언급할 때, 흔히 등장하는 낱말들, 즉 기만mauvaise
foi, 속임수tricherie, 속이기tromperie, 농락하기duperie, 유인
해서 속이기mystification, 사기imposture, 교활rouerie, 거짓
말mensonge, 이중성duplicité, 감추기déguisement, 가리기
dissimulation 등을 상기해 보는 것만으로도, 우리는 그의 소

설론의 핵심을 어렵지 않게 짐작할 수 있다. 한마디로 요약
하자면, "소설은 언어의 기만이 만들어 내는 가장 놀라운 결
과일 것이다."

　물론 모든 작가들이 블랑쇼의 허구론을 받아들이는 것은
아니고, 모든 소설들이 기만을 창조적 미덕으로 삼는 것도
아니다. 소위 논문 소설roman à thèse을 쓰는 작가들이 있다.
"끔찍스러운 도덕성"의 냄새를 풍기는 논문 소설에 대해 블
랑쇼는 다음과 같이 비판한다. "의심할 나위 없이 문학은 논
문 소설을 경멸한다. 이런 유의 소설이 지니고 있는 선의
bonne foi 때문이다. 또한 그런 소설은 자신이 의미하는 것을
뻔뻔스럽게 다 드러내기 때문이며, 전적으로 자신의 진실을
위해 정직하게 봉사하기 때문이기도 하다." 허구, 즉 가장 상
식적인 의미에서, 거짓이라는 배에 승선해 있다는 사실을 망
각한 논문 작가가 선의나 정직함을 내세울 때, "우리에게 부
정직하게 보이는 것은 바로 그의 선전성 정직함이고, 위선의
냄새를 풍기는 것은 바로 아무것도 감추지 않는 그의 등장
인물들이다." 따라서 논문 소설이야말로 "가장 부도덕한 소
설"이다. 논문 작가가 비난을 받는 것은 창조의 본질을 망각
하기 때문이고, 또한 현실의 윤리를 허구의 세계에 그대로
적용하려 하기 때문이다. 반면에, 진정한 창조자는 자신을 속
이고 자신의 기만에 자신이 속아 넘어가는 것을 알고 있기
때문에, 허구에 더욱 충실할 수 있는 것이다. "작가는 다른 누
구보다도 먼저 자신의 속임수에 넘어가는 자이다. 남들을 속

이는 바로 그 순간 그는 자기 자신을 속이고 있다." 작가는 자기 자신을 속임으로써만 남을 속일 수 있다. 기만의 최면술이다. 이 기만의 최면술을 얼마나 훌륭하게 부릴 수 있느냐에 소설다운 소설의 창조가 달려 있다. 왜냐하면 문학적 현실 혹은 언어에 의해 창조된 현실은 모두 기만의 산물인 "허구의 거짓"이기 때문이다. 허구의 거짓, 즉 거짓의 거짓이 소설적 진실이다.

『모리스 블랑쇼, 허구의 원리』의 저자 마리-로르 위로가 지적하듯이, "사실인 것처럼 여겨지게 하는 것, 바로 이것이 허구가 주창하는 것이다." 아마도 가장 허구다운 허구는 "사실적인 것과 사실적이지 않은 것 사이의 한계점"에 있는, 거짓도 아니고 진실도 아닌, 거짓일 수도 있고 진실일 수도 있는 이야기일 것이다. 불가능의 가능성 또는 가능의 불가능성, 이것이 허구의 본질이다. 블랑쇼가 말하는 허구 세계는 "우리가 사는 세계의 이면"도 "이 세계의 공간의 보완complément이나 반대contradiction"도 아니라, "끝없이 다시 시작하는 글쓰기가 만들어낸 밖의 세계"이다. 여기서 '밖le dehors'이란 "이 세계와 다른 세계un autre monde"가 아니라, "떠도는 글쓰기가 표현해 낸 텅 빈 곳," 즉 "어쩌면 아무것도 없고, 어쩌면 모든 것이 있는 심연, 심오한 부재"와도 같은, 고유한 의미에서의 '상상 공간l'espace imaginaire'을 말한다. 이 공간을 블랑쇼는 문학 공간l'espace littéraire이라 부른다. 그리고 이 문학 공간을 그는 중자le neutre라 부른다. 무無와 유有

가 공존하는 공간이다.

타자가 되어버린 나

익히 알려져 있듯이, 『반反 생트 뵈브』의 저자 프루스트에 따르면, 문학 작품이란 일상을 살아가는 '나'와는 "다른 나l'autre *moi*"의 산물이다. 이에 대해 엠마뉘엘 레비나스는 「프루스트 안의 타자」라는 글에서 다음과 같이 설명하고 있다. "모든 일이 마치 또 다른 나 자신이 줄곧 나를 대리하는 것처럼 벌어진다. […] 프루스트의 불가사의는 곧 타자의 불가사의이다." 프루스트의 '다른 나'를 언급하면서, 롤랑 바르트는 "『잃어버린 시간을 찾아서』의 화자가 프루스트인가라고 묻는 것은 헛된 일이다. 왜냐하면 또 하나의 프루스트, 프루스트 자신도 모르는 프루스트이기 때문이다"라고 지적한다. 블랑쇼 역시 『잃어버린 시간을 찾아서』의 화자는 "이 세상의 프루스트"가 아니라, "글을 쓰는 프루스트와는 전혀 다른 자"이고 "프루스트를 프루스트로부터 떼어내면서, 프루스트를 타자로 만들면서 프루스트를 표현하는 자"로 규정한다. 또한, 사뮈엘 베케트의 소설 『무명인 *L'Innommable*』의 화자인 '나'에 대해서도 블랑쇼는 글을 쓰는 베케트가 아니라 "베케트를 이름 없는 존재, 즉 무명인으로 만들어 버리는" 자라고 동일한 분석을 하고 있다. 한마디로, "소설 속의 '나'

는 하나의 조작artifice, 문학의 조작 자체이다."

심지어 극단적인 경우에 해당하는 자서전의 '나'도 삶의 기쁨과 슬픔, 사랑과 고통을 육신으로 겪은 '나'를 있는 그대로 보여 주지는 않는다. 이 점에 대해, 자신의 지적 역정을 그린 책『숙고 끝에, 지적 자서전』의 저자인 폴 리쾨르의 지적은 아주 명쾌하다. "다른 모든 서술 작품과 마찬가지로, 자서전도 선택을 하고, 그러기에 불가피하게도 비틀어져biaisé 있다. 게다가 엄밀한 의미에서 자서전은 한 편의 문학 작품이다." 자서전의 '나'조차도 삶의 모든 희로애락을 겪은 주름진 얼굴의 '나'가 아니라, 외과적 심지어 내과적 성형 수술을 받은 '비틀어진 나'일 수밖에 없다. 글쓰기에 의한 선택이 불가피하기 때문이다. 알베르 카뮈가 지적했듯이, 자전적 이야기라고 내세우는 작품일수록 더욱 작가는 자기가 실제로 겪은 이야기를 하지 않는다. 왜냐하면 문학의 역사에서 볼 때, "어느 누구도 감히 자기를 있는 그대로 그리려 한 사람이 결코 없기" 때문이다. 그런 뻔뻔스러운 자가 있다면, 그는 위선자에 지나지 않을 것이다.

자서전 작가로서의 '나'도 '자연인 나'가 아니라 '선택하는 나', '글을 쓰는 나', 즉 프루스트의 '다른 나'라는 사실을 잊지 말아야 할 것이다. 무엇을 말하고 무엇을 말하지 않을 것인가는 전적으로 이 '다른 나'의 자의적 선택에 달려 있다. 따라서 자서전도 문학 작품, 즉 허구의 작품에 속하고, 자서전의 '나'는 '선택하는 나'에 의해 창조된 '꾸며낸 나'

이다. 허구의 작품의 저자와 마찬가지로, 자서전의 작가도 글쓰기를 통해서 자기 자신을 창조해 내는 것이다. "한 편의 작품을 쓰는 작가는 그 작품 속에서 자신을 제거하고se sup-primer, 또한 그 작품 속에서 자신을 내세운다s'affirmer"(『카프카 카프카』). 자서전 작가의 경우도 마찬가지이다. "고백하기 위해서든, 자기 분석을 하기 위해서든, 예술 작품마냥 남들의 눈에 자기를 보여 주기 위해서든, 자서전을 쓴다는 것은 아마도 끊임없는 자살suicide perpétuel을 통해서 생존survivre을 모색하고자 하는 것이다"(『재난의 글쓰기』). 이처럼 글쓰기를 통한 작가의 모험이 보여 주는 것은 무엇보다도 "자기 상실dépossession de soi"[6]이고, 자기 상실을 거친 후에야 비로소 자기 만들기가 이루어진다. 바로 이 자기 상실이 '다른 나'의 출발점이다.

블랑쇼는 작가와 작품과의 관계를 다룬 글 「본질적 고독」에서 작가는 작품을 "버리고abandonner" 작품은 작가를 "해고한다congédier"라고 거친 언어로 표현하면서, '버림받은' 작품의 외로움과 '해고당한' 작가의 외로움을 "본질적 고독"이라 부르고 있다. 그런데 이 본질적 고독의 현상학에서 주목해야 할 점은 작품이 작가에게 "나를 읽지 마시오Noli me legere"[7]라고 명령한다는 것이다. 일단 작품이 완성되고

---

6) 블랑쇼 연구의 선구자인 프랑수아즈 콜랭의 표현.

7) "Noli me legere"라는 라틴어 표현은 무덤에서 나온 예수가 막달라 마리아에게 한 말 "나에게 손을 대지 마시오Noli me tangere"를 풍자한 것이다.

하나의 책이 되면, "작가는 작품 곁에 머물 수가 없다"(『문학 공간』). 이제 작가에게 작품은 "읽을 수 없는 것, 하나의 비밀"이다. 이 비밀을 캐어내는 것은 작가의 몫이 아니라 독자의 몫이다. 블랑쇼는 "작품이 삶을 시작하는 순간, 작가는 죽어 있는 게 아닐까"라고 반문한다. 롤랑 바르트도 말했듯이, 작가의 죽음이 작품의 삶을 열어준다.[8] 따라서 작가는 작품에 대해 아무런 권리도 없고, 작품은 스스로 존재한다. "작가는 작품이 완성된 작품인지를 결코 알지 못한다. 작가는 한 권의 책에서 끝낸 것을 또 한 권의 다른 책에서 다시 시작하거나 파괴해 버린다"(『문학 공간』). 끝없는 파괴와 끝없는 재시작, 무한의 작업, 곧 작가의 숙명이다.

작가 알베르 카뮈는 "당신의 작품을 어떤 눈으로 바라보는가?"라는 장-클로드 브리스빌의 질문에 다음과 같은 짤막한 대답을 했다. "나는 내 작품을 다시 읽지 않아요. 이 모든 작품들이 내게는 죽어 있는 거예요. 나는 다른 걸 하고 싶고, 하고자 해요." 카뮈가 자신의 곁을 떠난 작품을 일종의 '죽음'으로 간주하고 다른 책을 쓰는 작업에 노력을 기울이고자 한다는 것은 곧 '또 다른 나'를 찾아 떠난다는 것이다. 카뮈가 죽음이라 지칭하는 것을 블랑쇼는 "빔le vide"이라 부른다. 작가에게 이 '빔(空)'은 자신의 부재, 더 나아가 자기 부

---

8) 블랑쇼가 「본질적 고독」을 『비평』지에 발표한 것이 1948년이고, 롤랑 바르트가 「작가의 죽음」을 발표한 것이 1972년임을 상기할 때, 바르트가 "작가의 죽음"을 외친 것은 블랑쇼보다 무려 24년 뒤의 일이다.

정의 표현이다. "문학은 결국 자기가 재현하는 것의 실체를 부정한다. 바로 이것이 문학의 법이고, 문학의 진실이다"(『카프카 카프카』). 이러한 문학의 법을 따르는 작가는 "자기를 부정하고 자기가 아닌 모든 것이 되고자 한다." 블랑쇼는 이 "지워진 나Je effacé"를 "타자가 되어버린 나 자신moi-même devenu autre"이라 부른다.

그러니까, 프루스트의 '다른 나'에 의해 창조된 것이 블랑쇼의 '타자가 되어버린 나'이다. 여기에서 명심해야 할 것은 '다른 나'가 곧 '타자가 되어버린 나'가 아니라는 사실이다. 왜냐하면, 전자가 언어 행위를 실천하는 '나'인데 반해서, 후자는 언어에 의해 창조된 '나'이기 때문이다. 이 점에서 위의 두 '나'는 언어 행위 이전의 '나'와 다르다. 하지만, 위의 두 '나'에는 공통점이 있다. 둘 다 '타자l'autre'로서 '나je'가 아니라 '그il'의 범주, 즉 "중자le Neutre의 영역"에 속한다는 것이다. 카프카가 '나je'를 '그il'로 대체했을 때 비로소 문학에 입문했다는 저 유명한 일화를 상기한다면, 프루스트의 '다른 나'를 〈작가 카프카-il〉에, 블랑쇼의 '타자가 되어버린 나'를 〈K.-il〉에 비유할 수 있다. 이 '중자로서의 나'를 구체적으로 설명해 주는 한 예술가의 증언을 들어보기로 하자. 화가 장 바젠은 "당신이 표현하는 것, 당신이 창조하는 것이 결국 당신 자신이라고 생각하나요?"라는 질문에, "내가 모르는 나 자신인 것 같아요"라고 대답했다. 장 바젠의 이 대답은 아마도 작가와 인물과의 관계에 대해 우리가 얻을 수 있는 가장 적확한 대답, 우리의 이성이 제시할 수 있는 가장 냉철한 대답일 것이다. 왜냐하면 글을 쓰는 '나'도, 글로 표현된 '나'도 궁극적으로는 인간의 인식 능력을 벗어나는 불가해하고 불투명한 존재이기 때문이다. 이 불투명성이야말로 인간 존재의 본질 그 자체이다. 아무튼, '내가 모르는 나 자신moi-même tel que je l'ignore'이란 "내 안에 있는데 내 영역을 벗어나는 것, 즉 타자가 되어 가는 나 이외의 또 하나의 존재"에 해당한다. 한마디로, '내 안의 미지인l'inconnu'이다. 장 바젠의 이 '미지인' 역시 '타자'로서 '중자의 영역'에 속한다는 점에서, 블랑쇼의 '타자가 되어버린 나'와 형제 사이라 할 수 있다. 중요한 것은 창조된 '나'는 이미 '나'가 아니라 '나의 타자'라는 사실이다.

중의성의 조화

블랑쇼는 허구로서의 문학 작품을 다음과 같이 정의한다. "작품이란 무엇인가? 실제 낱말들과 상상적인 이야기, 벌어지는 모든 일이 현실에서 따온 세계, 그런데 이 세계는 접근이 불가능하다. 살아 있는 자로 등장하는 인물들, 하지만 우리는 그들의 삶이란 살지 않는 것(허구로 남아 있는 것)이라는 사실을 알고 있다. […] 허구는 낱말들에 의해 실현되고, 낱말들에 존재의 근거를 두고 있다"(『미래의 책』). 허구는 언어라는 양식을 먹고산다. 허구는 낱말들이 만들어 내고, 낱말들이 누워 있는 종이 위에서만 존재한다. 이 '종이 존재'에게 생명을 불어넣는 것은 바로 언어이다. 그의 죽음 또한 언어상의 죽음일 뿐 실체, 즉 시체corps가 없다. 현실이 실체적substantiel인데 반해서, 허구는 비실체적non-substantiel이다. 현실과 허구 사이에 극단적인 차이가 있다고 한다면, 현실은 언어 행위 이전에 존재하는데 반해서, 허구는 언어 행위 이후에만 존재한다는 것이다. "예술 작품이 현실의 어떤 범주에도 속하지 않는 비현실인 것은 바로 언어의 작품이기 때문"이라는 사실을 상기할 필요가 있다. 낱말들이 꾸며낸 현실이 곧 비현실, 즉 허구이다. 결국, 허구의 문제는 언어의 문제로 귀착한다.

　　그런데 왜 언어로 표현된 현실은 현실성을 상실해 버린 허구가 되어야만 하는 것일까? 도대체 언어는 현실을 어떻게 처리하기에 현실을 비현실로 둔갑시키는 것일까? 『허구의 방법과 수단들』의 저자인 루이-르네 데 포레는 언어가 현실을 포착하고 드러내는 듯하면서도 동시에 현실을 파괴하고 감추기 때문이라고 대답한다. "낱말들의 직무는 지칭하는 사태들과의 자연 관계를 단절하는 것이다. 작가는 낱말들을 통해서 사태의 현실을 포착하려 애쓰지만, 바로 낱말들이 이 현실을 파괴해 버린다. […] 대상objet을 말로 표현한다는 것은 그 대상을 반역하는trahir 것이고, 대상을 말로 옮긴다는 것은 그 대상을 감추는dissimuler 것이다. 진정한 표현은 자기가 드러내는 것을 숨겨버린다cacher." 우리는 일상에서의 언어 경험을 통해서 우리가 표현하고자 하는 것을 아무리 생각해 보아도 도저히 언어로 표현할 수 없을 때가 있다는 것을 잘 알고 있다. 기막힌 자연 경관 앞에서 언어는 그저 무능력하게 여겨질 뿐이다. 소위 언어 도단이다. 설령 언어로 표현해 내기에 이르렀다고 해도, 무언가 부족하고 어딘가 잘못된 것만 같고, 심지어 말하지 않은 것보다 못한 결과를 낳는 경우도 허다하다. 이런 점에서 보면, 언어 행위 자체가 현실에 대한 반역 행위이다.

루이-르네 데 포레는 『기억할 수 없는 것과 마주하고』에서 언어의 본질적 속성에 대해 다음과 같이 말한다. "언어는 드러내는 힘 못지 않게 위장하는 힘을 가지고 있는데, 때로는 드러내는 힘과 위장하는 힘이 중첩되어 구분할 수 없는 하나가 되어버린 나머지, 각자의 몫을 가려내는 데에 여간 애를 먹지 않는다." 짓궂은 농담이나 풍자 같은 것이 대표적인 경우이다. 사실을 드러내려는 것인지 사실을 감추려는 것인지 좀처럼 분간이 되지 않는다. 『전락』의 화자 장-바티스트 클라망스와 루이-르네 데 포레의 『말꾼』9)의 화자는 자신

---

9) 루이-르네 데 포레의 『말꾼 Le Bavard』은 카뮈의 『전락』과 더불어 내면 독백 소설의 대표작으로 꼽힌다. 두 작품의 화자 모두 서두에서 독자들에게 자신이 '겪은' 사실들을 고백하겠다고 밝히면서 독자들을 유혹한 후, 끝에 가서 거짓말을 했음을 털어놓으며 독자들을 농락한다. 결국 그들의 수다는 말꾼이 지어낸 거짓 이야기에 불과하다. 루이-르네 데 포레의 가까운 친구이자 문학적 동지이기도 한 블랑쇼는 『말꾼』을 평하는 글 「헛된 말La parole vaine」에서, 이 "사기적이고 반역적인 책"은 "허구를

의 이야기를 고백한다고 하지만, 고백을 끝낼 즈음에 가서는 자신의 고백 속에 거짓이 끼여 있음을 고백한다. 그들은 언어 자체가 지니고 있는 근본적인 속성을 어느 누구보다도 잘 깨닫고 있을 뿐만 아니라, 그런 언어를 실천할 수 있는 언어 놀이의 대가들이다.

그렇다면 언어의 감추기와 드러내기 기능이 가져오는 결과는 무엇인가? 클라망스와 말꾼의 언어 행위가 잘 보여 주듯이, 진실과 거짓을 분간하기 어렵게 만드는 모호함이다. 그런데 우리는 언어의 수행 기능이 중의성을 조장할 뿐만 아니라, 언어의 본성 자체에 "위험천만한 모호함"[10]이 있다는 것을 알고 있다. 이처럼 중의성은 언어 자체가 가지고 있는 본질적인 성질이다. 사전을 펼쳐서 낱말들의 뜻풀이를 들여다보는 것만으로도, 거의 모든 낱말들이 겹뜻 혹은 여러 뜻을 품고 있다는 사실을 쉽게 확인할 수 있다. 이를테면, '지난밤에도 날 밤을 깠어' 라는 표현이 있다. 이 말은 흔히 '밤을 새웠다' 라는 뜻으로 사용되지만, 밤(栗)을 가공하는 직업인은 얼마든지 '지난밤에도 생률生栗의 껍질을 벗기는 일을 했다'는 의미로 사용할 수 있다. 이 경우, 어떤 조소적인 의미까지도 포함할 수 있어서 그 표현이 더욱 풍부한 의미를 내포하

<hr />

허구의 본질에 귀착시키는 니힐리즘"을 보여 주고 있다고 지적하면서, 이 작품에 담겨 있는 "무한히 중의적인 중의성 그 자체ambiguïté elle-même infiniment ambiguë"를 강조한 바 있다. 참조 졸역, 『말꾼』, 현대문학, 2002년.

10) 한스-게오르그 가다머의 표현.

는데, 전적으로 언어가 지닌 중의성의 덕택이다. 하지만, 중의성으로 인해 곤란을 겪는 경우도 허다하다. 아주 비근한 예로, 프랑스어의 'vérité'라는 낱말은 우리말의 '진실'과 '진리'에 해당하는데, 프랑스어 텍스트에서는 대부분의 경우 두 의미를 동시에 담고 있어서, 우리말로 두 의미 중의 하나만을 선택해서 옮겼을 때, 문맥의 의미가 어딘가 모자라고 불완전할 수밖에 없어 곤란을 겪을 때가 많다. 더욱이, 일상 언어에서는 중의성이 하나의 미덕일 수만은 없다. 가령, 중의적인 표현은 흔히 곡해와 오해의 원인을 제공한다. 중의성의 폐해이다. 사실, 언어의 중의성을 의도적으로 활용하는 화자와 대화하는 것보다 더 피곤한 일도 없을 것이다. 제2, 제3의 뜻을 염두에 두고서 상대의 말을 들어야 하기 때문이다.

그렇다면 문학 언어에서는 어떠한가? 여기 두 작품이 있다. 한 작품은 수많은 연구가들에 의해 수없이 연구되고 해석되어 왔음에도 불구하고 끊임없이 새로운 해석을 낳는 반면에, 다른 작품은 불과 몇몇 연구가들의 해석으로 더 이상 새로운 해석을 부추길 여지가 없다. 우리는 흔히 전자를 걸작이라 하고, 후자를 졸작이라 부른다. 이 경우, 걸작과 졸작의 차이는 어디에서 연유하는가? 다양한 의미들을 품고 있느냐 아니냐에 있다. 대부분의 논문 소설들은 작가가 자신의 의도를 뚜렷하게 밝히기 위해서 '투명한' 언어로 쓰여진 작품들이다. 논문 작가는 자신의 작품이 여러 의미로 해석되기를 원치 않는다. 즉, 작품의 의미 지평을 극단적으로 제한해 버리고, 독자에게 독자의 고유한 몫을 인정하지 않으려 한다. 그렇기 때문에 흔히 제한된 수의 독자들에 의해 읽혀지는 졸작이 되어버리지 않을 수 없다.

반면에, 진정한 문학 작품은 작가가 의미 지평을 최대한으로 열어 두고 있어서, 즉 언어의 중의성이 스스로 다양한 의미를 생산해 내고 있어서, 독자들에게 거의 무한한 해석의 가능성을 제시한다. "여기[문학 작품]에서는 의미가 다른 의미 속으로 피신하는 게 아니라, 모든 의미의 타자 속으로 숨어버린다. 중의성으로 인해, 아무것도 의미가 없지만, 모든 것이 무한한 의미를 가지고 있는 것처럼 보인다. 다시 말해서, 의미는 가장假裝일 뿐이고, 이 가장으로 인해 의미가 무한하게 풍부해진다"(『문학 공간』). 의미가 '다른 의미'가 아니라 '모든 의미의 타자'로 숨는다는 것은, 위에서 예로 든 '밤'이 '밤(夜)'은 물론이고 '밤(栗)'이라는 의미로도 받아들여질 수 있다는 것을 말하는 것이 아니라, '밤'이 상징할 수 있는 모든 의미, 이를테면 한 작가가 만들어낼 수 있는 모든 새로운 상징적 의미들을 띨 수 있다는 것을 말한다. 다시 말해서, 모든 낱말은 사전적 의미를 넘어서서 우리가 상상조차 하지 못했던 새로운 의미들을 산출해 낼 수 있기 때문에 언어의 본질적 중의성이 무한한 의미의 샘이 된다는 것이다. 블랑쇼는 "글을 쓰기 위해 작가는 현재의 언어를 파괴해서 또 다른 형식으로 언어를 구사해야 한다"고 강조한다. 이처럼, 문학 언어의 중의성은 창조 행위 자체에서부터 비롯된다. 언어의 중의성을 구현한 대표적인 작품으로 알베르 카뮈의 『이인』을 들 수 있다. 겉으로 보기에 간결하고 평이한 일상적 언어로 쓰인 이 작품은 그 의미가 단순한 듯하지만, 사실은 발표된 지 육십 년이 지난 오늘에도 모든 의미를 명확하게 다 밝혀 낼 수 없는 모호함에 푹 젖어 있는 불가해한 작품이다. 바르트가 지적했듯이, '무색의 글쓰기l'écriture blanche' 혹은 '중성적 글쓰기l'écriture neutre'가 독자를 함정에 빠뜨려서 우롱하고 기만하는 작품이다. 1992년 아미엥 대학에서 열린 『이인』 출간 50주년 학회에서, 전세계 카뮈 전문가들이 이 작품의 끈질긴 생명력의 원천이 과연 무엇인지에 대해 논의했는데, 최종적인 결론은 이 작품이 지니고 있는 중의성이었다. 블랑쇼는 『이인』이 출간되었을 때, 「이인의 소설」이라는 글에서 이미 이 작품이 지닌 "필연적인 중의성"에 대해 강조한 바 있다. 아무튼, 중의성의 조화造化가 최대한 구현된 작품이 『이인』이다.

　『이인』의 경우에서도 보듯이, 문학 작품은 중의성을 거부하지 않는다. 거부하기는커녕, 기꺼이 포용하려 하고 소중히 보듬으려 한다. 중의적 언어를 구사하면 구사할수록, 작품은 그만큼 더 풍부해지고 그만큼 더 끈질긴 생명력을 갖는다. 문학 작품으로 말하자면, 중의성은 곧 생명의 원천이다. 그런데 롤랑 바르트가 지적하듯이, "이 중의성은 바로 글쓰기에서부터 시작된다." 『글쓰기의 영도』의 저자는 또한 "소설의 글쓰기가 추구해야 하는 것은 가면을 씌움과 동시에 그

가면을 고자질하는 것이다"라고 강조하기도 한다. 소설의 글쓰기는 언어의 감추기와 드러내기 기능을 충분히 활용해야 한다는 것이다. 도미니크 라바테도 같은 생각이다. "글쓰기의 기능은 사실적인 것을 재생시키는 만큼이나 사실적인 것으로부터 벗어나는 것이다." 롤랑 바르트의 '중성적 글쓰기'를 논하면서, 블랑쇼는 "글을 쓴다는 것은 사원을 짓기 전에 우선 사원을 파괴하는 것이다"라고 지적한다. 다시 말해서, 글쓰기는 이 세상의 현실을 파괴하고서 새로운 현실을 창조한다. 문제는 어떻게 '파괴' 하느냐이다. 걸러내기filtrage, 비틀기gauchissure, 바꾸기transposition, 꾸미기simulation, 가리기déguisement, 감추기dissimulation 등 다양한 방법들이 있다. 블랑쇼는 특히 감추기 예술을 강조하는데, 블랑쇼 미학에서 감추기는 흔히 드러내기révélation 혹은 나타나기apparition와 짝을 이룬다. 가령, 블랑쇼는 창조력의 원천인 "심층 경험"에 대해 얘기하면서, "심층은 면전에서 속을 털어놓지 않고, 오로지 작품 속에서 감추어짐으로써만 드러난다"고 분석한다. 이외에도 "어둠 속에서 드러나는 감추기", "예술 작품에서는 감추기가 지배하는데, 여기에선 감춰지는 것이 외관의 기저에서 출몰하려 한다", "우리가 본질적 고독이라 부르는 것에서는 감추기가 나타나려 한다", "존재가 자신의 작품을 완성하기 위해서는 그가 감춰져야만 한다. 그는 자신을 감추면서 작업한다" 등의 표현들을 어렵지 않게 찾아볼 수 있다. 보여 주는 듯하면서도 감추어버리는 글쓰기가 생산해

낼 수밖에 없는 것이 곧 중의성이다. 블랑쇼는 이 중의성을 "안에서 벌어지는 일이 겉으로 드러나는 것에 조응하는 듯하면서도, 그렇다고 겉이 안에 충실한지를 결코 확신할 수 없게 만드는 필연적인 중의성"이라 한다.

우리의 논의를 정리해 본다면, 언어 자체의 본성과 기능에 중의성이 담겨 있을 뿐만 아니라, 이 중의성을 품고 있는 언어를 빌어 창조하는 글쓰기 또한 감추기와 드러내기를 통해 중의성을 생산해 낸다는 것이다. 문학적 창조에 관한 한, 그야말로 중의성이 도처에 도사리고 있다고 말하지 않을 수 없다. 그렇다면 이제 우리는 위에서 제기했던 질문, 즉 왜 언어로 표현된 현실은 현실성을 상실해 버린 허구가 되어야만 하는 것인가에 대해 대답을 할 수 있다. 대답은 자명하다. 한마디로, 언어의 조화造化이다. 언어는, 루이-르네 데 포레의 표현을 빌리면, "기만적인 거울miroir trompeur"이다. 이 기만적인 거울에 비친 현실은 사실인 듯하면서도 사실이 아니다. 위에서도 이미 말했듯이, 허구는 비현실적인 사실에 진실의 옷들을 입혀 놓는 동시에 이를 "뻔뻔스러운 거짓"(바르트의 표현)이라고 손가락질하는 것, 사실이면서도 사실이 아닌 것, 거짓이 아니면서도 그렇다고 진실도 아닌 것이다. 결국, 허구 자체가 중의성의 표현이자 상징이다.

"끝없는 대담"

"문학이란 중의성을 구현하는 언어이다." 우리의 화두였다. 이제 우리의 화두 풀이는 어느 정도 된 셈이다. 하지만 불행하게도 해답을 제시할 수는 없다. 어쩌면 화두 자체에 해답이 들어 있는지도 모른다. "진정한 대답은 언제나 질문에 달려 있다. 대답이 질문을 가두어버릴 수 있지만, 그것은 질문을 활짝 열어놓고서 질문으로 보전하기 위해서이다"(『문학 공간』). 블랑쇼의 가르침이다. 정직하게 말하자면, 우리는 이 글에서 우리의 화두를 풀어낸 것이 아니라, 풀어보려고 애를 썼을 뿐이다. 따라서, 우리의 화두는 여전히 화두로 남아 있다.

문학에 관한 논의를 한다는 것은 아마도 무용하지는 않을지 몰라도 무모한 모험에 뛰어드는 것이다. 어떤 결론에 도달하더라도 그 결론은 하나의 불완전한 게다가 불만족스러운 결론일 수밖에 없기 때문이다. 프랑스어 표현을 빌자면, '바다뱀serpent de mer'에 관한 부질없는 담론이 될 수밖에 없는 가능성이 크기 때문이다. 그럼에도 불구하고, 끊임없이 문학이란 무엇인가라는 질문을 제기하는 것은 단지 문학이 시대에 따라 그 겉과 안이 달라지기 때문만이 아니라, 문학이라는 존재가 짙은 어둠, 아무리 걷어내도 걷혀지지 않는 어둠 속에 잠겨 있는 해, 어쩌다 어둠 사이로 모습을 드러내면 우리의 두 눈을 멀게 해버리는 빛, 혹은 우리가 그 존재와 그 존재의 미덕을 알면서도 우리의 눈에 보이지도 우리의 손에 잡히지도 않는 공기와 같은 존재, 있으면서도 없는 듯하고 없는 듯하면서도 우리 곁에 늘 있는 그런 존재이기 때문일 것이다. 작품이란, 블랑쇼의 말대로, 완성되지도 않고 미완성에 그치지도 않는 "끝이 없는 것l'interminable"이다. 이처럼 문학은 무한의 존재이고, 문학에 관한 논의는, 블랑쇼의 책 제목처럼, '끝없는 대담l'entretien infini' 일 것이다. 블랑쇼가 『끝없는 대담』에서 "시詩란 욕망으로 남은 욕망이 이루어진 사랑"이라는 시인 르네 샤르의 저 유명한 말을 여러 번이나 인용하는 것도 '문학에 대한 욕망은 결코 채워질 수 없는 욕망이고 이 채워질 수 없는 욕망을 잠시나마 채우면서 문학을 영원히 사랑할 수밖에 없는 우리의 숙명'을 되새기고자 하는 생각에서일 것이다. 아마도 바로 이것이 블랑쇼가 우리에게 전하는 하나의 메시지가 아닐까 한다.

　모두에서도 밝혔듯이, 우리는 문학이라는 거대한 우주 속으로 모험을 떠났었다. 아니 좀더 정확하게 말하자면, 모리스 블랑쇼의 문학 우주에로의 여행을 감행했다. 아니 이보다 더 정확하게 말하자면, 블랑쇼 행성 안에서도 중의성이라는 이름의 도시만을 방문한 것이다. 게다가 우리는 이 도시의 곳곳을 모두 방문한 것도 아니다. 더욱이 우리는 이 도시의 경계가 어디인지도 정확하게 알지 못한다. 어쩌면 이 도시가 블랑쇼 행성 전체로 펼쳐져 있는지도 모른다. 그만큼 중의성은 블랑쇼의 글 곳곳에서 나타난다는 말이다. 다시 말해서,

문학에 관한 그의 사유 자체가 "본질적 중의성의 밀물과 썰물"에 실려 떠다니고 있다. 우리가 이 글에서 논의한 것은 이 중의성의 일부에 지나지 않다. 가령, 블랑쇼 미학의 또 하나의 핵심 개념이면서 중의성과 밀접한 연관을 맺고 있는 '중자le neutre'에 대해서는 본격적인 논의를 하지 못했다. 뿐만 아니라, 블랑쇼가 중요하게 다루고 있는 서술태의 중의성에 대해서도 언급하지 않았다. 더욱이 블랑쇼가 지극히 다양하게 서술하고 있는 언어와 관련된 중의성의 양상들에 대해서도 다 언급할 수 없었다. 이 모든 것들이 끝없는 모험에 나서도록 우리를 유혹한다. 하지만 적어도 우리가 자신 있게 말할 수 있는 것은 중의성이 블랑쇼의 문학 읽기의 열쇠말이고, 중의성을 통해서 바라보는 문학은 다른 어느 프리즘을 통해서 바라보는 것보다 더 화려하고 더 신비하다는 것이다. 그리고, 비록 우리의 모험이 우리의 욕망을 다 채워주지는 못했지만, 우리는 이 모험을 하는 동안에 블랑쇼의 문학 공간에서 행복한 시간을 보냈다고 겸손하게 말할 수 있다. 그리고 우리는 이 공간 속으로 기꺼이 다시 모험을 떠날 것이다. "여러 뜻들이 얽혀 있는 미로, 가능한 진실에의 기대도 없이 인간 정신이 진실을 좇아 떠나는 미로" 속으로.

블랑쇼의 책 『문학 공간』에는 창조적 영감에 관해 논의하는 「오르페우스의 시선」이라는 글이 있다. 이 책의 머리말에서, 블랑쇼는 「오르페우스의 시선」이 『문학 공간』의 중심, 즉 이 책의 모든 글들이 쏠려드는 자력磁力의 중심이라고 분명하게 밝히고 있다. 「오르페우스의 시선」의 한 구절이 우리의 눈길을 끈다. "글쓰기는 오르페우스의 시선과 더불어 시작한다. 그리고 이 시선은 운명을 파기하려는 욕망의 발로이다." 법을 어기고서 오르페우스가 어둠 속의 에우리디케를 뒤돌아보는 것, 바로 이것이 창조의 동력인 영감l'inspiration이다. "영감은 오르페우스의 시선에 의해 욕망으로 이어진다." 오르페우스에겐 오직 하나의 초조한 욕망밖에 없다. "어둠 속에서 어둠이 감추는 것, 즉 또 하나의 어둠을 쳐다보려는" 욕망이다. 하지만 불행하게도, 이 '또 하나의 어둠'은 나타나자마자 사라져버린다. 곧 에우리디케이다. 두 번이나 에우리디케를 잃은 오르페우스는 오직 그의 노래 속에서만 에우리디케에게 다가갈 수 있다. 그러니 노래를 부르지 않을 수 없다. 그에게 에우리디케는 "예술이 다다를 수 있는 극단"이고, "예술, 욕망, 죽음, 어둠이 가까이 다가가려는 듯한 너무나도 어두운 흑점"이다. 오르페우스의 시선이 이끌리는 '또 하나의 어둠' 혹은 '너무나도 어두운 흑점'이란, 곧 문학이라는 존재가 고이 품고 있는 비밀일 것이다. 우리가 다가가면 다가갈수록 멀어지는 비밀, 우리가 들여다보는 순간 사라져버리는 비밀. 블랑쇼는 말한다. "중의성은 비밀을 전제로 한다. 아마도 언어로 표현되자 사라져버리는 비밀, 하지만 이 사라짐 속에서 가능한 진실처럼 살짝 드러내 보이는 비밀 말이다." 중의성, 문학의 비밀인가?

언어와 해석학

이해의 예술

해석학은 이해의 학문이다. 흔히 "이해의 예술l'art de comprendre"이라 부른다. 그렇다면 무엇을 이해한다는 것인가? 현대 해석학의 궁극적인 이해 대상은 '나'와 '세계'를 이해하는 것이다. 여기에서 '현대'라는 토를 다는 것은 이해 대상에 있어서 가다머와 리쾨르의 현대 해석학이 슐라이어마허와 딜타이의 소위 낭만주의 해석학과 근본적으로 다르기 때문이다. 후자의 경우, 이해 대상은 궁극적으로 작가의 의도이다. 다시 말해서, 하나의 문학 작품을 이해한다는 것은 텍스트 자체가 말하는 것이 아니라, 텍스트 안에 숨어 있는 작가의 의도, 즉 "작가가 말하고자 했던 것" 혹은 "작가가 말하고자 했을지도 모르는 것"을 파악해 낸다는 것이다. 문학 작

품을 작가의 삶의 표현으로 간주하는 슐라이어마허와 딜타
이는 "가장 완벽한 이해는 한 작가를 작가가 자기 자신을 이
해했던 것보다 더 잘 이해해 내는 것"이 해석학의 궁극적 목
표라고 단언했다.

　　오늘날 낭만주의 해석학의 입장을 따른다는 것은 아마
도, 시대를 거꾸로 거슬러 올라간다거나 혹은 유행이 지났다
는 의미에서가 아니라, 인식론적으로 불가하다는 것을 어렵
지 않게 납득할 수 있을 것이다. 한마디로, 인간은 자기 자신
도 결코 충분히 알지 못한다는 자명한 이치를 부인할 수 없
기 때문이다. 하물며 '나'가 아닌 '남'의 속을 어떻게 알아낸
다는 말인가? 설령 백 번 양보해서, 적어도 그런 시도는 얼마
든지 가능할 수 있지 않느냐는 반론을 받아들일 경우, 사태
는 더욱 첨예해진다. 나는 누구인가? 나는 무엇인가? 나는 무
엇으로 입증되는 것인가? 이러한 원론적인 질문들에 대한 답
을 얻지 않고서는 '나'가 아닌 '남'의 존재 속으로 이입한다
는 것이 애초부터 불가능하다는 것이다. 결국, 낭만주의 해석
학은 이러한 질문들이 제기되지 않았던 시대, 적어도 후설의
현상학적 사고가 탄생하기 전시대, 즉 '빈 자아le moi vide'
가 아니라 '충만한 자아le moi plein'를 거느리고 있다고 믿
었던 시대의 정신적 틀에 근거하고 있다.

　　이와 반대로, 가다머와 리쾨르의 해석학은 타자 속으로
의 전이가 불가능할 뿐만 아니라, 설령 가능하다 해도 그건
텍스트 이해와는 전혀 다른 작업이라는 존재론적, 현상학적

판단에서 출발하고 있다. 따라서 궁극적인 이해 대상은 '남'이 아니라 '나'가 되어야 한다. 그런데 '직접적인 자기 인식'은 불가능하다. 우리가 아무리 "나는 누구인가?"라고 스스로에게 질문해 보아도 결코 대답은 나오지 않는다. 모든 자기 인식은 간접적이고 매개적médiat이다. 텍스트가 바로 이 자기 인식에로의 지평과 길을 열어 주는 소중한 매개체이다. 텍스트는 '나'를 발견하게 해주고, 나는 텍스트를 통해서 '나'와 세계에 대한 새로운 것, 다른 것을 발견한다. 다시 말해서, 텍스트는 내가 인식하지 못하고 있었거나 혹은 인지하고 못하고 있었던 '나'를 드러내 줌으로써, 나는 새로운 시각과 새로운 지평을 가진 새로운 존재, 다른 존재가 되고, 이 새롭고 다른 존재에게 세계는 다시 새로운 세계, 다른 세계로 등장한다.

여기에서 중요한 것은 이 해석학적 순환의 모태가 '나'가 아니라 바로 '텍스트'라는 사실이다. 텍스트가 없었다면 나는 해석학적 순환 속에 자리 잡지 못한다는 것이다. 따라서 해석학자에게 요구되는 가장 기본적인 자세는, 가다머가 지적했듯이, "텍스트의 타자성l'altérité du texte"을 인정하는 것이다. 즉, 텍스트가 하나의 주체이고, 해석자와 텍스트와의 관계에 있어서, 텍스트가 주체이지 해석자가 아니라는 말이다. 아마도 '충만한 자아'를 여전히 믿거나 붙들고 있는 해석자들에게는 도무지 인정할 수 없는 주장으로 받아들여지겠지만, 일단 텍스트의 타자성을 인정하고 나면, 나에게 커다란 자유, 가식적이고 자기 기만적인 자유가 아니라 진정한 자유, 순수한 자유를 얻는 존재론적 쾌락을 느낄 수 있다. 텍스트가 해석자에게 허용하는 자유이다. 진정한 자유는 아무런 구속이 없는 자유가 아니라 일정한 틀 안에서 놀이 규칙에 따르는 자유이고, 해석자는 결국 텍스트 안에서 텍스트가 허용하는 최대한의 자유를 누리는 것이다. 텍스트가 해석자에게 자유를 허용한다는 것은 곧 텍스트가 자신을 전적으로 해석자의 처분에 맡긴다는 의미이다. 바로 이것이 가다머와 리쾨르가 말하는 "자기 것으로 만들기appropriation"이다. "말해진 것을 자기 고유의 재산으로 만들어버릴 정도로 자기 것으로 만드는 것s'approprier ce qui est dit au point d'en faire son bien propre"이 해석학의 궁극적 도달점이다. "자기 것으로 만들기"는 해석자가 텍스트에 대해 가질 수 있는 가장 고양된 자세로서, 텍스트를 통해서 '나'를 발견해 내는 과정을 의미한다.

이해의 순환

하이데거는 현존재의 시간성에 관한 연구에서 이해의 순환 구조를 역설했다. 하이데거가 존재의 이해 과정에서 강조한 것은 우연적 사고의 자의성을 배척하는 것이다. 하나의 텍스트를 이해하고자 하는 자는 누구든지 어떤 구도를 가지고 있다. 이 구도가 텍스트에서 첫 의미를 찾아내자마자, 해석자는 전체에 대한 의미를 예견한다. 그런데 첫 의미는 이미 텍스트를 읽었기 때문에 찾아낼 수 있는 것이고, 해석자는 텍스트 전체를 포괄하는 의미를 기대하고 그 기대 지평을 따라가게 된다. 이해가 이루어지는 것은 바로 이러한 예견 구도가 설정한 테두리 안에서이다. 그런데 여기에서 중요한 것은 첫 의미를 찾아낸 예견 구도가 최종적인 의미를 결정할 때까지 끊임없이 수정된다는 것이다. 이러한 수정을 요구하는 것은 텍스트 자체이다. 따라서 예견 구도의 수정은 매번 새로운 의미 구도를 만들어낼 수 있고, 서로 상반되는 구도들이 통합적 의미가 산출될 때까지 경쟁을 펼칠 수도 있다.

간단히 말해서. 최초의 예견 구도가 수정에 수정을 거친 끝에 텍스트가 가지고 있는 의미의 통일성(일관성)을 도출해낸다는 것이다. 그러므로 이해하려는 자는 누구든지 실제적인 검증을 거치지 않은 선입견이 유발하는 오류들에 노출되어 있다. 이 오류들을 수정해 나가면서 텍스트가 말하고자 하는 것을 찾아내는 것이 이해 작업이다. 이러한 수정 과정이 해석자의 예견 구도가 내포할 수 있는 주관성을 배격하게 해주고, 최종적으로 도달한 의미의 통일성에 객관성을 부여하는 것이다. 하이데거가 말하는 이해의 구조적 순환은 크게 볼 때 슐라이어마허의 부분과 전체의 순환 속에서 이루어지는 것이 사실이다. 하지만, 슐라이어마허의 해석학적 순환이 궁극적으로 작가의 의도를 따라가는 주관성을 간직하고 있

는 반면에, 즉 타인의 심리psychisme étranger를 이해할 수 있
는 독자의 천재성génialité이 중시되고 있는 반면에, 하이데
거의 해석학적 순환은 해석자의 선이해précompréhension가
텍스트와의 만남에서 실제적인 검증을 거쳐 이해의 객관성
을 확보한다는 점에서, 전자와 후자의 본질적인 차이점을 발
견할 수 있다.

　　가다머는 하이데거가 이해의 구조적 순환을 말할 때 사
용하는 선이해 개념을 선판단préjugé이라는 개념으로 대체
해서 해석학적 순환 이론을 전개한다. 선판단은 흔히 부정적
으로만 인식되어 왔는데, 가다머는 이것을 18세기 독일의 계
몽주의 사상의 영향 탓이라고 비판한다. 가다머가 주장하는
선판단은 해석자의 주관적이고 자의적인 판단이 아니다. 역
사적 동물로서의 인간은 누구나 자신의 에피스테메를 가지
고 있다. 이 에피스테메는 개인의 사고의 산물이 아니라 역
사와 전승이 개인에게 가르쳐준 지식의 총체이다. 해석자가
텍스트의 개괄적인 독서에서 얻은 예견 구도 혹은 선이해 속
에는 그의 에피스테메가 작용하지 않을 수 없다. 선판단은
모든 인간이 지니고 있는 보편적인 가치 개념이다. 가다머에
의하면, 누구든지 가지고 있는 선판단 그 자체가 진정한 이
해에 도달하는 데에 걸림돌이 되는 것은 아니다. 문제는 텍
스트를 이해하는 데에 선판단이 고정되어 있느냐 그렇지 않
느냐에 있다. 하이데거의 예견 구도가 끊임없이 수정을 거치
는 것과 마찬가지로, 가다머는 해석자의 선판단이 텍스트가

말하고자 하는 것과의 만남을 통해서, 즉 실제적인 검증을 거치면서 끊임없이 수정되어야 한다고 역설한다. 최종적으로 수정된 선판단은 이미 해석자의 선판단이 아니라 '텍스트의 것'이다. 이 수정된 선판단을 가다머는 '올바른 선판단'으로, 그렇지 못한 선판단을 '그릇된 선판단'으로 규정한다. 가다머는 선판단의 수정 과정을 이해의 해석학적 순환이라 부르고 있다.

이해의 현재성

해석학적 이해의 대상은 텍스트이다. 텍스트란, 리쾨르가 잘 정의했듯이, "글쓰기로 고정된 모든 담화tout discours fixé par l'écriture"이다. 가다머에 따르면 "글쓰기에 의한 고정"이 가져오는 가장 근본적인 현상은 텍스트가 "자기 소외 auto-aliénation, Selbstentfremdung"를 구현한다는 것이다. 즉, 텍스트는 저자로부터, 최초의 독자로부터, 시대 상황으로부터 분리되어 홀로서기를 한다는 것이다. 따라서 언어로 고정된 텍스트가 전승될 때, 다른 모든 전승 양식들과는 다른 특수한 자질이 텍스트에게 주어진다. 즉 텍스트가 가지게 되는 영원한 현재성이다. 물론 이 텍스트의 현재성은 전승된 조형예술의 직접성에 비해서 떨어진다고 느껴질 수도 있다. 말하자면, 렘브란트의 "자화상"이나 로댕의 "생각하는 사람"은

최초의 관람객들에게나 오늘날의 관람객들에게 같은 모습으로 와 닿는다. 그러나 플로베르의 『감정 교육』이나 지드의 『좁은 문』의 경우, 설령 최근에 나온 판본이라고 해도, 그 배경이나 줄거리 등 뭔가 어딘지 모르게 또는 확연하게 지금과는 동떨어져 있다는 느낌을 부인할 수가 없다. 하지만 책은 그림이나 동상이 가지고 있지 못한 결정적 특질을 지니고 있다. 즉, 그림이나 동상은 '유일'하기 때문에 대중과의 만남에 있어서 시공간적인 제약을 피할 수가 없고, 그만큼 동시성의 폭이 극히 제한되어 있을 수밖에 없다. 그러나 책의 경우는 탄생할 때부터 다수성과 산재성을 지니고 있어서 시공간을 초월하여 늘 모든 독자들에게 열려 있다. 즉, 텍스트는 과거의 유물이 아니라, 독자가 있는 한 늘 현재형으로 존재한다는 것이다. "글의 형식으로 전승된 모든 것은 모든 현재와 동시성"을 공유하기 때문에, 이해 작업은 현재로부터 출발하고 현재 속에서 이루어져야 한다는 것이다.

글을 읽고 그 글을 이해하는 독자의 의식은 자신의 지평을 옮기고 확장할 수 있는 가능성은 물론, 자신의 세계를 새로운 차원의 깊이와 넓이를 가지고 풍부하게 할 수 있는 가능성을 지니고 있다. 역사적 존재로서의 독자는 이미 자신의 의식 속에 역사성이 포함되어 있다. "역사 의식에는 과거와 현재의 중재가 포함"되어 있고, "현재 의식이 글로 된 모든 전승에 자유롭게 접근하는 한, 글은 과거와 현재가 공존하는 유일한 장"이다. 즉, 텍스트와 독자의 의식 속에서는 가다머가 말하는 "역사 작업"이 이루어지고 있다.[1] "예술 작품은 역사 작업과 하나를 이루고 있고, 역사에 의해 전승된 것은 그것을 이해하는 존재의 현재와 하나를 이룬다." 따라서 "독자의 의식은 필연적으로 역사적인 의식, 즉 전적으로 자유롭게 역사적 전통과 의사소통을 실천하는 의식이다." 역사가의 의식과 문학 독자의 의식의 차이점이 있다고 한다면, 전자가 과거 속으로 귀환해서 역사적 사실을 기록하거나 이해하려는 반면에, 후자는 늘 현재 시점에서 과거의 전승인 텍스트를 읽고 이해하려 한다는 것이다. 문학 텍스트가 "모든 현재

---

1) 가다머는 이것을 "역사 작업"이라는 함축적인 개념으로 압축해서 표현하고 있다. 독일어 Wirkungsgeschichite를 프랑스어 역자들은 "영향사"라는 의미의 'l'histoire de l'efficience', 'l'histoire de l'influence', 'l'histoire des effets' 등으로 표현하고 있다. 그런데 이 "영향사"라는 개념으로서는 정확하게 그 의미가 잘 포착되지 않는 단점이 있다. 이 개념에 대해 가다머 자신이 다음과 같이 설명하고 있다. "나는 이 개념에서, 무엇보다도 우리가 역사의 생성으로부터 벗어나거나 거리를 둘 수 없다는 것을 의미하고자 한다. 역사는 우리에게 단순한 대상이 아니기 때문이다. 우리는 항상 역사 속에 위치해 있다. 다시 말해서, 우리의 의식은 역사의 실질적 생성에 의해 결정되어 있어서 과거를 앞에 두고 응시할 수 있는 자유를 가지고 있지 않다. 또한, 이 개념에서 내가 의미하고자 하는 것은, 항상 새롭게 우리에게 미치는 역사의 작용을 의식해야 한다는 것이다. 따라서 우리가 경험한 모든 과거는 우리로 하여금 이 경험을 전적으로 책임지도록, 어떤 점에서는 그 진실을 수용하도록 강요한다." 요약하면, 역사 속에 위치한 우리는 역사와 역사의 작용에 늘 노출되어 있어서, 우리에게 미치는 역사의 작용을 객관화할 수 없다는 것이다. 왜냐하면 이 역사의 작용은 역사적 현상 그 자체에 속하기 때문이다. 한마디로, 우리는 우리가 의식할 수 있는 것보다 훨씬 더 역사의 작용에 종속되어 있다는 것이다. 가다머의 설명을 종합해 볼 때, Wirkungsgeschichite는 영향사나 효과사보다는 장 그롱댕이 제시한 "역사 작업le travail de l'histoire"이 더 적절하게 보인다.

에 고유한 동시성"을 확보하고 있다는 전제를 수용한다면, 이 텍스트의 동시성을 이해한다는 것은 원칙적으로 "과거의 삶으로 거슬러 올라가는 것"을 의미하는 것이 아니라, "말해진 것에의 현재적 참여"를 의미한다. 좀더 구체적으로 말한다면, "읽기를 통해서 이해한다는 것은 과거의 무엇인가를 반복하는 것이 아니라 현재의 의미에 참여한다"는 것이다.

이런 점에서 볼 때, 이해는 독자가 작가의 의도 속으로 들어가는 단순한 "심리적 전이"가 결코 아니다. 따라서 독자가 지니고 있는 이해의 의미 지평은 저자가 생각했던 것에 의해서도, 최초의 독자의 지평에 의해서도 제한 받을 수 없는 것이다. 왜냐하면 텍스트는 작가의 주체성의 생생한 표현으로 이해되기를 요구하는 것이 아니고, 더욱이 텍스트의 의미는 거기에 제한될 수도 없기 때문이다. 블랑쇼의 표현을 빌린다면, "작가를 해고시켜버리고 작가로부터 버림받은" 텍스트는 늘 시간의 선을 따라 끊임없이 이동하면서 현재형으로 존재하는 외로운 삶을 살아야 하는 업業을 지고 있어서, 과거로의 귀환이나 퇴행이 아니라 새로운 의미 발견을 기다리고 있는 것이다. 이것이 바로 텍스트의 현재성이 요구하는 이해의 현재성이다. 이 두 가지 현재성의 만남으로 빚어지는 결과는 텍스트의 의미가 제한되지 않고 다양해지고 그 만큼 풍부해진다는 것이다. 한마디로, 텍스트의 생명력이 무궁무진할 수 있는 가능성이 열려 있다는 것이다. 그래서 가다머는 "아주 단순하게 말해서, 예술 작품을 특징짓는 것은 결코 완벽하게 그 작품을 이해하지 못한다는 것이다. 이 말은 이 작품에 질문을 던지면서 접근할 때, 이제는 안다고 생각할 수 있는 의미에서의 최종적인 대답을 결코 이 질문으로부터 얻어내지 못한다는 것을 의미한다"고 지적한다. 문학 텍스트는 자기 자신에게로 닫혀 있는 것이 아니라 늘 열려 있다. 바로 이 열려 있음, 즉 텍스트의 개방성이 문학 텍스트가 가지고 있는 생명력의 원천이다. 진정한 예술 작품은 수많은 해석에도 불구하고 늘 끊임없이 새로운 해석을 부르는 작품이다. 작가의 의도와는 관계없이 스스로 자기를 말하기 때문이다.

이해의 무한

가다머는 "우리가 이해할 수 있는 존재는 바로 언어이다"라고 했다. 이 말에는 가다머의 해석학적 사고의 본질이 담겨 있다. 즉, 이해의 대상 혹은 이해 가능 존재의 실체는 언어이다. "언어는 이해 자체가 이루어지는 공통의 장이다." 해석학적 이해는 언어에 대한, 언어에 의한 그리고 언어 안에서의 이해이다. 훔볼트의 언어 철학을 수용한 가다머는 "언어관이 곧 세계관이다"라고 단언한다. 무슨 말인고 하니, "언어는 단지 세계 속에 위치한 인간이 갖추고 있는 여러 기능들 중의 하나에만 그치는 게 아니다. 인간들에게 하나의 세계

가 있다는 사실을 입증해 주는 것은 바로 언어이고, 또한 그
러한 사실이 명백하게 드러나는 것도 바로 언어 안에서이다"
라는 것이다. 다시 말해서, "세계가 세계인 것은 바로 세계가
언어로 표현된다는 한에서이고, 언어는 세계가 언어로 표상
된다는 사실에서만 진정한 실존을 확보한다. 따라서, 언어가
원천적으로 인간적인 특성을 지니고 있다는 것은 동시에 세
계-속의-존재로서의 인간에게는 원천적으로 언어적인 특성
이 있다는 사실을 의미한다." 요약해서 말하자면, 언어는
'나'와 '세계'가 만나는 장이고, 세계는 언어를 통해서 나에
게 제시되고, 세계-속의-존재인 나는 언어를 통해서 세계를
경험한다. 이런 점에서, 나의 세계에 대한 경험은 근본적으로
언어적인 경험이다.

　　그런데 나의 언어적 경험은 보편성의 특수성에 해당한
다. 왜냐하면 모든 나에게는 나의 언어가, 보편적이면서 개인
적인 언어가 있기 때문이다. 따라서 모든 나는 동일한 텍스
트라 할지라도 동일하게 이해하는 것이 아니라 각각 저마다
다르게 이해한다. 이해한다는 것은 곧 "다르게" 이해하는 것
이다. "하나의 텍스트를 이해한다는 것은 애초부터 그 텍스
트를 우리 자신에게 적용하는 것이고, 비록 그 텍스트가 언
제나 다르게 이해되어져야 한다고 할지라도, 그럼에도 불구
하고 매번 다르게 우리에게 등장하는 동일한 텍스트라는 사
실을 깨닫는 것이다." 텍스트를 이해하고 해석한다는 것은
곧 "말해진 것을 자기 것으로 만들어서 자기의 고유한 재산

으로 만드는 것"을 의미한다. 한편으로는 텍스트를 다르게 이해하고, 다른 한편으로는 이 다르게 이해하기의 바탕 위에서 자기 것으로 만들기에 이르는 것, 바로 이것이 해석학적 이해의 지향점이다. 여기에서 반드시 덧붙여 두어야 할 말이 있다. 즉, "해석은 해석된 작품의 자리를 차지할 수 없을" 뿐만 아니라. "해석이 정당성을 얻는 것은 바로 이처럼 사라질 준비가 되어 있을 때이다." 해석의 사라짐은 곧 텍스트의 열려 있음을 의미한다. 그래서 가다머는 다음과 같이 단언한다. "한 편의 예술 작품의 의미는 결코 고갈되지 않는다. 결코 그 의미를 다 비워내지 못한다." 텍스트의 의미 지평을 제한하는 것이 아니라 늘 열려 있게 하는 것이 해석학적 이해의 본질이다. 텍스트가 새로운 의미를 향해 늘 열려 있는 것은 언어가 무한하기 때문이다.

이인 뫼르소

뫼르소. 문학에 관심 있는 독자에게는 낯설지 않은 이름이다. 하지만 그를 처음 대했을 때 받았던 낯설음을 아직도 생생하게 간직하고 있는 독자들이 많을 것이다. 뫼르소가 안겨 주는 낯설음은 그저 단순히 미지인에 대해 느끼는 낯설음이 아니다. 다시 말해서 한 편의 소설을 읽을 때 주인공이나 어느 인물에 대해 일정량의 정보를 얻을 때까지 으레 품게 되는 그런 일상적인 낯설음이 아니다. 뫼르소의 경우는 책을 열고 첫 문장을 읽는 순간부터 우리로 하여금 낯설게 하고 거리감을 가지게 한다. 마치 둔한 망치에 한 대 얻어맞은 듯한 느낌을 준다. 바로 이러한 낯설음과 거리감이 독자의 호기심을 자극하기 때문에, 독자는 '도대체 어떤 인간인가?' 라는 물음을 풀기 위해 계속해서 읽어 나가지 않을 수 없는 것이다.

그런데 대부분의 다른 소설 속의 인물들과의 만남에서 겪는 것과는 정반대로, 뫼르소에 대한 정보들을 하나씩 축적해 가면서 우리는 낯설음에서 벗어나기보다는 더욱더 큰 낯설음과 마주하게 되고, 마지막 문장을 읽고 책을 덮었을 때에도 낯설음은 진한 여운으로 남아 있다. 그리고 이 낯설음으로 인해 소설을 제대로 이해했는지에 대한 의구심을 품게 되고 애초의 물음은 고스란히 물음으로 남아 있다. 『감정 교육』의 프레데릭 모로나 『죄와 벌』의 라스콜리니코프 등 대부분의 소설의 주인공들은 독자를 흡수하는 혹은 독자가 스스로 동화되도록 하는 힘을 발휘하는데 반해서, 뫼르소는 거꾸로 독자에게 이질성을 각인시키고 독자와의 동화를 거부하기 때문에, 독자는 뫼르소에게 그리고 뫼르소는 독자에게 타인으로 머물 수밖에 없다. 그럼에도 불구하고 독자는 뫼르소에게 이끌리지 않을 수 없는데, 독자를 유혹하는 힘이 친밀감이나 동질성에 있는 것이 아니라 낯설음과 타자성에 있다는 데에 알베르 카뮈의 소설 『이인』[1]의 비의가 있다.

오늘 엄마가 죽었다. 어쩌면 어제였는지도 모르겠다. 나는 양로원에서 전보를 받았다. "모친사망. 내일장례. 삼가조의."

---

1) 카뮈의 소설 *L'Etranger*는 우리나라에서 『이방인』으로 번역되어 있다. 이미 수용된 역어를 쓰지 않고 필자가 굳이 왜 『이인』이라는 생경한 역어를 사용하고 있는지를 독자들은 이 글을 읽고 난 후에 이해하리라 생각한다.

이건 아무런 의미가 없다. 어쩌면 어제였을 것이다.

　너무나도 유명한 그리고 수많은 연구자들이 분석 대상으로 삼은 『이인』의 도입부이다. 천진난만한 어린 아이처럼 "엄마"라는 애칭을 사용하는 뫼르소는 어머니의 죽음을 접하고 마치 아무 일도 일어나지 않은 듯이, 어머니의 죽음이나 혹은 그 죽음을 알리는 언어가 아무런 의미를 담고 있지 않은 듯이, 게다가 중요한 것이 어머니의 죽음이라는 한 인간에게 가장 비극적일 수 있는 사건이 아니라 사망한 날짜가 오늘이 아니라 어제라는 데에 있는 듯이, 내면의 감정을 조금도 드러내지 않는 중성적인 목소리로 이야기하고 있다. 『이인』의 첫 구절을 읽으면서 많은 비평가들이 "도대체 어머니의 죽음을 이런 식으로 전하는 자는 도대체 어떤 인간인가? 어디에서 이런 색깔 없는 목소리가 나오는가?"라고 물었다. 이 질문은 뫼르소가 주인공이자 화자라는 두 가지 역할을 수행하고 있음을 상기시키는 동시에, 주인공으로서든 화자로서든 평범하지 않다는 것을 단적으로 지적하고 있다. 거꾸로 말하면, 주인공이자 화자인 '나' 뫼르소는 단번에 독자의 일반적 기대 지평을 파괴하고 새로운 시각에서 접근하기를 요구하고 있다는 것이다.

　소설 『이인』은 1부와 2부로 구성되어 있다. 1부는 6장으로 구성되어 있고, 2부는 5장으로 구성되어 있는데, 기이하

게도 원전의 경우에 1부와 2부의 길이(쪽수)가 똑같은 대칭
구조를 이루고 있다. 시간상의 길이를 보면 1부가 어머니의
죽음에서부터 살인하기까지 18일간의 일상적인 삶을 기록하
고 있는데 반해서, 2부는 살인 사건 이후 사형 선고를 받기까
지의 근 1년간에 걸친 영어圈圖의 삶을 기록하고 있다.

내용 면에서 보면, 1부에서는 자유인 뫼르소를, 2부에서
는 죄인 뫼르소를 그리고 있는데, 간단히 말해서 2부는 1부
의 사건들에 대한 해석이다. 따라서 2부는 1부를 비추고 있
는 거울이라고 할 수 있는데, 문제는 2부가 1부를 잘못 해석
하고 있어서 제 기능을 다하는 거울이 아니라 왜곡된 상을
보여 주는 일그러진 거울이라는 것이다. 2부 2장에서 뫼르소
는 어느 날 저녁 무렵 찬합 뚜껑에 비친 자신의 얼굴을 들여
다보는데, 아무리 웃어도 거울 속의 상은 심각한 표정을 짓
고 있는 아주 비극적인 상황을 겪는다. 이러한 비극적인 상
황이 상징하는 것은 거울 앞의 뫼르소와 거울 속의 뫼르소
사이에, 즉 1부와 2부 사이에 깊은 단절이 있다는 것이다.

작가 카뮈가 작품『이인』의 의미는 1부와 2부가 이루는
대칭 구조 속에 담겨 있다고 지적한 바 있는데, 1부와 2부 사
이의 단절이 의미하는 것은 곧 '부조리'이다. 카뮈가『시지
프의 신화』에서 말하는 '부조리'는 단순한 '비합리'나 '비
이성'을 뜻하는 것이 아니다.『시지프의 신화』의 저자에 의
하면, "부조리는 근본적으로 단절이다." 다시 말해서 "부조
리는 희구하는 나와 좌절시키는 세계와의 충돌에서 탄생한

다"는 것이다. '부조리'는 "나에게도 세계에게도 있는 것이 아니라 나와 세계 사이에 존재한다." 즉, 나와 세계 사이의 단절, 이것이 카뮈가 말하는 '부조리'이다.『이인』을 부조리 소설이라 할 수 있는 것은 바로 1부와 2부 사이에 단절이 있기 때문이고, 뫼르소를 부조리한 인간으로 부를 수 있는 것은 1부의 '나'(뫼르소가 그리는 뫼르소)와 2부의 '세계'(타자들이 보는 뫼르소)가 조금도 일치하지 않기 때문이다. 독자들은 2부의 뫼르소(검사, 판사 그리고 배심원들이 해석하는 뫼르소)가 1부에 묘사된 뫼르소가 아니라는 것을 안다. 뫼르소 자신도 재판 도중에 검사의 논고를 들으면서 검사가 말하는 '죄인 뫼르소'와 본래의 자기 사이에는 메울 수 없는 간극이 존재함을 인식한다. 본의 아니게 그는 자기 자신에게 타자가 되어 있는 상황에 처하게 된다. 한마디로 1부의 뫼르소와 2부의 뫼르소는 서로에게 '타인他人' 혹은 '이인異人'이다.

이제 1부의 뫼르소와 2부의 뫼르소를 자세히 살펴보면서 어떤 점에서 그들이 서로에게 '타인' 혹은 '이인'인지를 보기로 하자.

『이인』의 1부에서 보는 뫼르소는 적어도 태양이 작렬하는 바닷가에서 살인을 저지르기 전까지는 알제 거리에서 심심치 않게 만날 수 있는 그저 평범한 인간이다.『페스트』의 리외처럼 의사도 아니고,『전락』의 장-바티스트 클라망스처럼 전직 변호사도 아닌 뫼르소는 평범한 회사원이다. 선박

회사에 근무하는 독신 남자인 그는 그날그날 주어진 일과에 충실하게 살아가는 일상인이고, 외지에서 온 이방인이 아니라 알제 시민이다. 회사 동료인 엠마뉘엘과 가끔 영화 보러 가기도 하고, 친구인 셀레스트네 식당에서 끼니를 해결하기도 하고, 알제 바닷가에서 해수욕을 즐기며, 이웃인 레이몽이나 살라마노와도 가깝게 지낸다. 뫼르소는 자기가 "평범한 사람"이며 "다른 사람들과 같다고, 절대적으로 다른 사람들과 같다"라고 생각한다. 뫼르소 자신이 그렇게 생각하듯이, 겉으로 보기에 그는 보통 사람들과 그다지 다를 게 없다.

그러나 그의 자기 판단과는 관계없이 뫼르소는 보통 사람들과 다른 면, 타인들이 보기에 이상한 면을 분명하게 가지고 있다. 보통 사람들과는 달리, 어머니의 죽음을 앞에 두고 최소한의 슬픔도 표현하지 않고, 마지막으로 어머니의 모습을 보지 않겠냐는 제의를 두 번에 걸쳐 거절하고, 장례를 치르고 알제로 귀환하면서 눈물을 흘리기는커녕 기쁨을 느끼고, 어머니가 죽은 다음날 바닷가에 수영하러 가서 만난 옛 직장 동료였던 마리와 함께 희극 영화를 관람한 후 집에 돌아와서 정사를 하고, 결혼을 원하는 마리에게 결혼을 승낙하면서도 마리가 자기를 사랑하느냐는 질문에 사랑하지 않는다고 데면데면하게 대답하면서 사랑이라는 것이 아무런 의미도 없는 것이라고 말하고, 그의 능력을 인정하는 사장이 그에게 파리로 전출가지 않겠느냐는 제안을 일언지하에 거절해 버린다. 마리는 그를 "이상한" 사람으로 여기며, "그렇기 때문에" 그를 사랑한다고 말한다. 이처럼 1부의 뫼르소는 평범한 인간인 동시에 평범한 인간이 아니다. 사실 뫼르소가 우리의 관심을 끄는 것은 그의 평범한 구석 때문이 아니라 그의 평범하지 않은 행동과 사고 때문이다.

뫼르소가 평범하지 않은 인간이라는 것은 그의 가치관에서도 쉽게 확인할 수 있다. 그는 모든 사람들이 애착하는 사랑이나 행복 그리고 출세 등에 대해 전혀 관심이 없다. "학생이었을 때에 나는 이런 종류의 야망을 많이 품고 있었다. 하지만 내가 학업을 그만두게 되었을 때, 나는 이 모든 것들이 실제적으로는 아무런 중요성이 없다는 것을 곧 깨달았다." 그는 입버릇처럼 "그건 아무런 의미가 없다"라든지 "아무래도 내겐 마찬가지이다"라고 되풀이한다. 삶과 세계를 바라보는 그의 지평에는 '무관심indifférence'이 뿌리 깊게 박혀 있다. 『시지프의 신화』의 표현을 빌어 말하자면, 무관심은 그의 '살(肉)'이고 부조리는 그의 '피(血)'이다. 수직적 가치 체계 속에서 살아가는 일반인들과는 달리 뫼르소에게는 수평적 가치 체계만이 있을 뿐이다. 그에게는 이래도 한 세상, 저래도 한 세상이다. 더 나은 삶의 조건을 제시하는 사장에게 "삶은 결코 바꿀 수 없으며, 어쨌든 어떤 삶이든 동등한 가치를 지니고 있으며, 현재 나의 삶에 아주 만족한다"라고 대답한다. 동네 사람들이 기둥서방이라고 손가락질하는 이웃집 남자 레이몽이 "나와 친구가 되지 않겠느냐"고 묻자 "나는 아무래도 상관없다"라고 대답하는 것은 기둥서방이든 사장이든 법관이든 모두가 동등한 가치를 지니고 있다고 생각하기 때문이다. 수직적 가치 체계가 아니라 수평적 가치 체계 속에서 살아간다는 점에서 뫼르소는 일반인들과 비교할 때 분명 이인異人 혹은 기인奇人이다.

뫼르소의 기인적인 기질은 그의 사고와 행동에서 자연스럽게 드러난다. 가령 그는 어머니를 사랑했느냐는 질문에 "남들처럼"이라고 대답하기도 하고, "아마도 내가 엄마를 사랑했겠지만 이건 아무런 의미도 없다"라고 말하기도 한다. "남들처럼"이라는 대답은 '남들이 자기 어머니를 사랑하듯이 나도 어머니를 사랑한다' 라고 해석될 수도 있고, '남들을 사랑하듯이 나는 어머니를 사랑한다' 라고 이해될 수도 있는데, 두 가지 경우 모두 자기를 낳은 어머니에 대한 사랑의 정도로는 일반인의 상식으로 보기에 충분치 않다. 또한 장례식 날 자연스러운 감정을 의도적으로 제어한 것이냐는 변호사의 질문에 뫼르소는 즉각적으로 "아니오. 왜냐하면 그건 거짓이기 때문이오"라고 대답한다. 그 자신이 말하는 것처럼, 뫼르소는 "육체적 욕구가 종종 감정을 저버리는 그런 본성을 가지고 있는" 인간이다. 그는 이성적 사고의 명령에 따라 행동하는 것이 아니라 매 순간마다 육체의 요구에 반응할 뿐이다. 어머니의 시신 앞에서건 다른 곳에서건 졸리면 자고, 담배를 피우고 싶으면 피우고, 커피를 마시고 싶으면 마실 뿐이다. 어머니의 죽음 앞에서 눈물을 흘리지 않는 것은 그저 슬픔을 느끼지 않기 때문이다. 극단적으로 말하면, 영혼은 없고 육체만을 가진 인간이라고 할 수도 있다. 육체가 슬플 때 슬퍼하고 육체가 기쁠 때 기뻐하는 뫼르소, 이 자 또한 일반인이 보기에는 기인이다.

카뮈는 다른 등장 인물들(페레즈 영감, 더러운 손의 살라마노, 셀레스트네 식당에서 만난 이상한 여자, 재판정의 기자 등)의 초상화는 지나치다고 할 정도로 자세히 그리면서도 정작 주인공 뫼르소의 생김새에 대해서는 한마디의 언급도 없다. 반면에 뫼르소의 육체가 외부 세계와의 접촉에서 어떻게 반응하고 있는가는 소설의 첫머리에서부터 끝까지 아주 상세하게 기술하고 있다. 뫼르소의 육감은 그 어느 누구보다도 잘 발달되어 있어서 주위의 사물이나 사람들에 대해 극단적으로 섬세한 반응을 보일 뿐만 아니라 현상을 포착하는 감각 능력 또한 뛰어나다. 멀리 떨어진 바다로부터 바람에 실려 온 소금 냄새를 맡고, 빈소에서 밤샘하는 한 노인이 잇몸을 부딪치며 내는 미세한 소리를 알아듣고, 마리의 웃는 모습만 보고도 성욕을 느끼고, 캄캄한 층계참에 서서 저 계단 밑에서부터 올라오는 눅눅하고 불길한 바람을 감지하고, 젖은 수건을 매우 싫어하고 등등, 그의 육감은 그야말로 천재적이라고 할 만하다.

그런데 무엇보다도 그의 육체는 태양의 힘에 이끌린다. 장지葬地로 가는 길에서 그의 모든 감각을 사로잡는 것은 작렬하는 태양이고, 불행의 문을 두드리는 운명의 날에 그로 하여금 해변에서 거닐게 하고 아랍인을 살인하게 하는 것도 오후 두 시의 태양이다. 그는 태양의 빛과 열기를 따라가는 주광성 육체를 지닌 인간이다. 그래서 롤랑 바르트는 뫼르소를 "육신이 태양에 순응하는 인간"이라 했고, 작가 카뮈는 "어둠을 남겨 두지 않는 태양을 사랑하는 가난하고 헐벗은 인간"이라고 했다. 왜 살인을 했느냐는 물음에 뫼르소는 간단하게 "태양 때문에"라고 대답한다. 하지만 어느 누가 "태양 때문에" 살인을 저지를 수 있다고 인정할 수 있을 것인가? 진실이 진실로 받아들여질 수 없는 데에 태양을 사랑하는 한 인간의 비극이 있다. 거짓으로 받아들일 수밖에 없는 진실을 홀로 간직해야만 하는 뫼르소, 이 자 역시 유별난 인간이다.

마지막으로 1부의 뫼르소는 오직 현재만을 살아가는 인간이다. 그날그날의 삶에 충실할 뿐, 그는 미래에 대한 아무런 계획이나 걱정도 없고 지나간 일에 대해 미련을 품거나 집착하지도 않는다. "나는 결코 무엇인가를 진심으로 후회해 본 적이 없다"라고 말한다. 그에게 삶에 대한 철학이 있다면 오직 오늘을 최대한으로 즐기며 살아가는 것뿐이다. 『시지프의 신화』의 표현을 빌어 말하면, "질의 윤리"가 아니라 "양의 윤리"를 추구하는 인간이다. 현재를 실컷 향유하는 것이 곧 그에게는 행복이다. 그런 철학을 가졌기에, 사형 집행을 기다리는 마지막 순간에도 "나는 행복했었고 지금도 나는 행복하다"라고 부르짖을 수 있는 것이다. 그에게는 신神도 내세來世도 존재하지 않는다. 뫼르소 자신이 현재 그 자체, 현재의 화신化身이다. 시간의 선을 따라 끊임없이 수평 이동하는 현재

진행형 인간, 이 자 또한 범인凡人이 아니다.

이에 반해서 2부의 뫼르소는 과거를 먹고 살아가야만 하는, 오로지 과거의 그림자만을 따라가야만 하는 자로 전락한다. 체포된 이후 수사관의 심문에서 법정의 신문에 이르기까지, 어머니의 장례식에서부터 살인에 이르는 18일간의 모든 사건들을 무수히 반복해야만 한다. 독방에서 무료함을 달래기 위해서 그가 할 수 있는 것은 자유인이었을 때의 자신의 모습을 시시콜콜 회상하거나 침대 밑에서 찾아낸 누렇게 바랜 옛날 신문을 수없이 되풀이해서 읽는 일뿐이다. 그 자신의 말대로 감옥에 들어온 이후 그에게는 "시간이 정지되어" 버렸고, 더 나아가 그는 아예 "시간 개념을 잃었다"고 고백한다. 현재진행형 인간이 하루아침에 과거형 인간으로 돌변해 버린 것이다. 반면에 사형 선고를 받은 이후 그를 기다리고 있는 것은 오직 사형 집행 날이다. 보통 새벽녘에 사형 집행인이 찾아온다는 것을 알고 있는 그는 뜬눈으로 밤을 새며 조그만 소리에도 가슴이 덜컹 내려앉으면서 처절하게 사형 집행인의 발자국 소리를 기다린다. 2부의 뫼르소에게는 과거 아니면 미래만 있을 뿐 현재란 없다. "내게는 어제 혹은 내일이라는 낱말만이 의미를 가지고 있다"라고 그는 말한다. 현재만을 살아가는 1부의 뫼르소와 과거만을 살아가야 하거나 아니면 내일만을 기다리는 2부의 뫼르소, 해변에서 태양을 좇는 자유인과 감옥의 독방에 갇혀 있는 음지인, 이들은 서로에게 타인他人이거나 이인異人이다.

구금된 후 뫼르소는 수사관, 검사, 변호사, 죄수 등 생면부지의 낯선 사람들을 만나야 한다. 그가 양로원 사람들에게 낯선 사람이었듯이, 한 번도 범죄를 저지른 적이 없던 그는 이 모든 사람들에게 낯선 사람이다. 이러한 낯설음을 스스로 인식하고 있는 그는 처음 몇 달 동안 자신이 범법자라는 사실을 받아들이는 데에 많은 애를 먹는다. 늘 죄 없는 사람으로서만 살아왔던 그에게는 자신이 죄수들과 다르다는 생각을 떨쳐버리기가 무척이나 어려운 일이다. 재판정에 들어서면서도 그는 자신이 "끼어들어서는 안 되는 불청객"이라고 생각한다. 그는 죄인인 자기 자신을 낯설어 한다. 그러나 자신이 죄인이라는 현실을 받아들이기 시작하면서 그는 '자기의 타자'를 발견하고 인정하게 된다. 게다가 재판정에서 검사와 변호사가 그리는 자신의 초상화를 보면서 뫼르소는 그들이 말하고 있는 자가 자기가 아니라는 것을 깨닫고는 또 하나의 '자기의 타자'를 발견한다. 그는 자기 자신에게 이인이거나 타인이다. 실질적으로 사형 선고를 받는 것은 아랍인을 살해한 뫼르소가 아니라 "범죄자의 마음"으로 어머니 장례를 치른 뫼르소, 실제의 뫼르소가 아니라 검사가 허구적으로 가공해 낸 뫼르소이다. 전자와 후자는 서로에게 이인이다. 뫼르소의 비극은 자신의 정체성이 자신의 의지와는 무관하게 타인들에 의해 왜곡되고 변질된다는 데에 있다.

정체성의 혼란 못지 않게 죄수 뫼르소가 겪어야 하는 가장 큰 불행은 사고하지 않을 수 없다는 데 있다. 육체의 욕구에만 반응하며 살아왔던 그가 모든 육체적 쾌락으로부터 단절 당하고, 엎친 데 덮친 격으로 정신 노동을 하지 않을 수 없기에 이른다. 예심 판사와 변호사의 질문에 명확하게 답변하는 것, 자신이 더 이상 무구한 자가 아니라 범죄자임을 인정해야만 하는 것, 사형 선고를 받은 후에는 단두대를 모면할 수 있는 모든 가능성을 상상하는 것, 사형 제도의 불합리를 비판하는 것, 상고심에 실낱 같은 희망을 거는 것, 결국 단두대를 피할 수 있는 가능성이 절대적으로 전무하다고 판단하는 것, 또한 상고도 기각될 게 분명하다는 것을 인정하는 것이 현명한 판단이라는 것, 자신의 죽음을 받아들이고 세계의 무관심에 합일하는 것, 사형 집행 날에 많은 관객들이 몰려와서 증오의 함성으로 맞이해 주기를 바라는 것, 이 모든 사고에는 그의 냉철하고도 명석한 이성이 작동하고 있다. 『시지프의 신화』에서 카뮈가 "부조리는 곧 명철한 이성이다"라고 한 정의를 상기하면, 자신의 죽음과의 처절한 투쟁에서 이성의 힘으로 승리하는 뫼르소는 진정 부조리의 '피'를 가진 인간이다. 아무튼 육신의 인간과 정신의 인간, 이들 또한 서로에게 이인이다.

소설 『이인』이 전세계적으로 많은 독자들의 관심을 끌고, 20세기 프랑스 문학의 역사에서 기념비적인 작품으로 손꼽히는 것은 주인공 뫼르소의 기이한 행동과 사고 때문만이 아니다. 알랭 로브-그리예라는 누보 로망의 작가와 롤랑 바르트라는 비평가를 탄생하게 한 것은 바로 화자 뫼르소의 언어와 독특한 서술 방식이다. 위에서도 언급했듯이, 뫼르소는 소설의 인물로서 뿐만이 아니라 화자로서의 역할을 하고 있다. 하지만 전통적인 일인칭 소설의 화자가 자신의 내면을 드러낼 수 있는 장점을 최대한으로 살리는 경향을 좇는 것과는 달리, 화자 뫼르소는 극단적으로 자신을 감추는 대신에 끊임없이 외부 세계에로 향하는 원심력적 의식, 소위 후설의 '현상학적 의식'으로 무장하고 있기 때문에, 우리는 뫼르소의 내면에 대해서는 아는 바가 거의 없다. 그래서 모리스 블랑쇼는 "뫼르소는 그 내면에 어쩌면 아무것도 없고, 어쩌면 모든 것이 다 있는 심오한 부재, 공동空洞이다"라고 지적하기도 했다. 화자 뫼르소의 자기 내면 감추기 수법은 너무나도 교묘해서 통상적으로 장례식에서 가장 극적인 순간이라 할 수 있는 하관 장면을 생략해 버리고 있는데도 독자들이 이를 쉽게 인식하지 못한다. 단『이인』의 마지막 장인 2부 5장의 화자 뫼르소는 그때까지 감추었던 내면을 적나라하게 드러내는데, 독자는 마침내 그의 영혼이 비어 있기는커녕 어느 누구보다도 가득 차 있다는 것을, 심오한 무심無心이 그의 근본적인 철학인 것을 발견하게 된다. 서술 기법상으로 보면 2부 5장의 화자 또한 그 이전의 화자에 대해 '이인異人'이다.

화자 뫼르소는 자신의 이야기를 하면서 마치 '타자처럼', 즉 타인이 나에 대해 이야기하듯이 혹은 타인에 대해서 이야기하듯이 서술하고 있기 때문에, 독자에게 낯설음을 안겨 주고 그와 독자 사이에 일정한 거리를 삽입시키고 있다. 다시 말해서 전통적인 일인칭 소설의 화자가 '주관적인 나'인데 반해서, 화자 뫼르소의 경우는 '객관적인 나'여서 흔히 비평가들은 "나로 가장한 그"라고 정의한다. 저만치 떨어져서 나를 바라보는 나이다. 일인칭 소설이면서도 삼인칭 소설의 서술 형식을 취하고 있다는 것이다. 이러한 서술 형식을 롤랑 바르트는 "영도零度의 글쓰기", "중성적 글쓰기", "무색의 글쓰기écriture blanche"라는 명칭으로 부르면서 비평가로서 화려하게 등장했고, 알랭 로브-그리예와 나탈리 사로트는 『이인』의 글쓰기를 모방하고 발전시켜서 누보 로망이라는 새로운 서술 형식의 소설을 창안했던 것이다. 한 편의 문학 작품이 당대에 새로운 비평의 선구자를 탄생케 하고 새로운 양식의 소설의 기원을 이루는 것은 문학의 역사에서 매우 찾아보기 힘든 일이다. 아무튼 소설 『이인』에서 "무색의 글쓰기"가 유발하는 효과는 화자-뫼르소가 인물-뫼르소를 '타자'처럼 바라본다는 것이다. 한 가지 예만 들자면, 화자 뫼르소는 "피고석에서도 자기에 대해서 이야기하는 것을 듣는 것은 언제나 흥미로운 일이다"라고 기술하고 있다. 화자는 마치 피고석에 앉아 있는 사람이 자신이 아닌 듯이 혹은 전지적 화자가 상황을 묘사하듯이 서술하고 있다. 바로 이와 같은 화자-뫼르소와 인물-뫼르소 사이에 있는 거리가 독자들에게 낯설음을 안겨 주는 것이다.

지금까지 살펴보았듯이, 알제 시민인 뫼르소는 고유한 의미에서의 이방인異邦人이 아니다. 그는 스스로 자기를 '평범한 사람'이라고 생각하지만, 다른 사람들이 보기에는 '이상한 사람'이거나 '기인奇人'이다. 그는 자기를 이해하지 못하는 세계에 대해 낯설음을 느끼고, 세계가 그리는 자신의 초상화에도 낯설음을 느낀다. 이런 점에서 보면, 뫼르소는 자기와 세계에게 '낯선 인간'이다. 소설 구조상으로 보면, 인물-뫼르소와 화자-뫼르소라는 두 존재, 즉 '이인二人'이 있고, 1부의 뫼르소와 2부의 뫼르소, 육신의 인간과 정신의 인간, 거울 앞의 뫼르소와 거울 속의 뫼르소는 서로 다른 '타인他人'이거나 '이인異人'이다. 또한 인물-뫼르소를 마치 '타자처럼' 바라보는 화자-뫼르소는 '이인異人'이다. 결론적으로, 뫼르소는 '기인'이자 '이인二人', '타인'이자 '이인異人'으로 등장하는 중의적 인간이다. 우리말 표기의 장점을 살려 한마디로 표현하면 '이인'이다.

인간은 누구에게나 두 개의 얼굴이 있다. 그러나 대부분의 인간들은 그 중 어느 하나를 가꾸며 살아간다. 하지만 간혹 다른 한 얼굴이 부지불식간에 표출될 때가 있는데, 그때 자기 자신이 마치 타자처럼 느껴지고 낯설음이 엄습한다. 이러한 경험은 대개 순간적으로 발생하고 '그게 과연 나일까?' 혹은 '내가 왜 그랬을까?'라는 의문을 제기하게 한다. 이러한 의문에 대한 대답은 결코 명쾌하게 찾아내지 못하고, 그저

'나의 타자'가 존재함을 막연하게 의식하면서 오묘한 흥분
에 사로잡힌다. 우리가 뫼르소를 대하면서 느끼는 것이 바로
이 오묘한 흥분이다. 뫼르소가 마치 '나의 타자'처럼 느껴지
고, 적어도 '나의 타자'일 수도 있는 가능성을 전적으로 배제
할 수가 없기 때문에, 우리는 그를 낯설어 하면서도 그의 은
밀한 유혹에 이끌리지 않을 수 없는 것이다. 인간 존재의 불
가해성이다. 어쩌면 뫼르소는 나의 '이인'일지도 모른다. 바
로 이 점이 뫼르소가 우리를 매료하는 힘의 원천이다.

오스카 와일드

— 앙드레 지드

　　오스카 와일드만큼 '예술'을 사랑하고 '아름다움'을 탐닉했던 인간도 흔치 않을 것이다. 그는 자신의 아름다운 외모에 도취한 나르시스였을 뿐만 아니라, 그 아름다움을 가꾸고 과시하는 데에 극도로 섬세한 주의를 기울이는 탐미주의자였다. 한마디로 그는 자타가 인정하는 이인異人이었다. 그는 예술을 너무 사랑한 나머지 자신의 삶 자체를 예술 작품으로 승화하고자 했다. "나는 내 삶에 나의 모든 재능을 쏟아 부은 반면에, 내 작품에는 고작해야 나의 재주만을 부렸을 뿐이다." 버나드 쇼가 '인류 역사상 가장 뛰어난 재담꾼'이라고 칭송했던 와일드는 '재주'만으로도 한때 런던 사교계의 황태자로 고고孤高하게 군림할 수 있었고, 완벽한 불어를 구사함으로써 앙드레 지드를 비롯한 프랑스 문인들의 애증을 한 몸에 받기도 했다. 클로드 본느푸아가 지적한 것처럼, 그의 언어가 자아내는 역설(패러독스)은 곧 쾌락의 샘이었고 삶과 예술의 양식이었다. 궁극적으로 역설은 곧 그의 비극이자 운명이었다.

　　자전적 소설 『도리안 그레이의 초상』으로 잘 알려진 오스카 와일드는 1856년 아일랜드의 더블린에서 저명한 안과 의사의 아들로 태어났다. 명문가의 자제들이 다니는 더블린의 트리니티 칼리지를 졸업한 후 오스카 와일드는 옥스포드 대학에서 러스킨과 월터 페이터의 미학 강의에

심취했고, 특히 육체적 감흥을 목적 그 자체로 역설한 쾌
락주의자 페이터의 영향을 많이 받았고, 그리스 문학에도
뛰어난 자질을 보였다. 극작가로서 그리고 모드 잡지의 발
행인으로서 대중의 사랑을 한 몸에 받았던 그는 미모의 청
년 앨프리드 더글러스 경卿과의 동성애 사건으로 2년간의
옥고를 치러야 했다. 이 사건으로 인해 그의 삶과 예술은
파멸의 길로 접어들었고 빛의 세계로 되돌아갈 수 없었다.
출옥 후 프랑스로 건너온 그는 이미 모든 지기知己들로부
터 버림받은 뒤였고, 1900년 11월 파리의 누추한 한 호텔
방에서 외로운 죽음을 맞이했다.

　　이 글은 앙드레 지드가 쓴 오스카 와일드에 대한 회고
담 전문을 번역한 것이다.

　　1년 전 이맘때쯤[1] 비스크라에서 나는 신문을 통해서 오
스카 와일드의 비참한 최후를 알게 되었다. 불행하게도 멀리
떨어져 있어서 나는 묘지까지 그의 시신을 따라갔던 초라한
운구 행렬에 끼일 수 없었다. 내가 참석하지 못함으로 말미
암아, 마지막까지 그의 곁에 남아 있던 몇 안 되는 친구들의
숫자가 더욱 줄어든 것 같아 애석할 따름이었다. 그 당시 내
가 쓰고 싶었던 글을 이제 쓰고자 한다. 와일드의 이름이 한

---

1) 이 글은 1901년 12월에 작성되었다.

동안 다시 여러 신문에 떠들썩하게 오르내리기도 했었다. 너무나 슬프게도 유명한 이 이름을 두고 왁자지껄한 소문들이 가라앉은 지금, 그토록 그를 칭송했던 무리들이 마침내는 그를 저주하는 데에도 지쳐버린 지금에 와서는, 한 친구가 수그러들지 않는 슬픔을 글로 표현하고, 애정과 찬미와 경건한 연민에 어린 이 글을 버려진 무덤 위에 월계관으로 바칠 수 있으리라 생각한다.

영국 여론을 들끓게 했던 그 추잡한 소송이 와일드의 삶을 파괴하려 위협하고 있을 때만 해도, 몇몇 문인들과 예술가들은 문학과 예술의 이름으로 일종의 구명 운동을 시도하기도 했었다. 바라건대, 작가를 칭송함으로써 인간을 용서하게 하려는 것이었다. 불행하게도 그것은 오해였다. 왜냐하면 와일드는 위대한 작가가 아니라는 것을 인정해야만 했기 때문이다. 그러니까 그에게 던져준 구명 동의는 결국 와일드의 파멸을 완성하는 것일 뿐이었다. 그의 작품들이 그를 지원해 주기는커녕 그와 더불어 침몰해 버리는 것 같았다. 몇몇 사람들이 손을 내밀었으나 허사였다. 떼를 지어 몰려들던 사람들의 발길이 끊겼고 모든 것이 끝나버렸다.

당시에는 달리 그를 옹호할 생각을 엄두도 낼 수 없었다. 작품 뒤에 인간을 감추려 하기보다는, 내가 지금 애써 해보려는 것처럼, 무엇보다도 먼저 경탄할 만한 인간을 보여 주고, 그 다음에 작품을 거론해야 했었다. 그렇게 함으로써 작품이 조명 받게 될 터였다. "나는 내 삶에 나의 모든 재능을 쏟아 부은 반면에, 내 작품에는 고작해야 나의 재주만을 부렸을 뿐이다"라고 와일드는 말하곤 했었다. 와일드는 위대한 작가가 아니라, 그야말로 삶을 즐길 줄 아는 위대한 생자生者였다. 희랍의 철학자들과 마찬가지로 와일드는 글로 쓰지 않고 말로 떠벌렸고, 자신의 지혜를 몸소 실천하며 살았다. 마치 흐르는 물 위에 이 지혜를 기록하듯이, 무모하게도 사람들의 얄팍한 기억에다 맡기면서 말이다. 아주 오랫동안 그를 알았던 이들에게 그의 전기를 얘기하도록 하고, 그의 말을 가장 탐닉하며 경청했던 이들 중의 한 사람인 나는 단지 여기에 몇 가지 개인적인 추억들을 얘기하고자 할 뿐이다.

I

와일드의 생애 말기에 가서야 그를 만났던 이들은 감옥에서 풀려난 뒤 쇠잔하고 흐트러진 와일드의 모습에서 그 이전의 비범하고 화려했던 와일드를 상상하기가 쉽지 않을 것이다.

내가 와일드를 처음 만난 것은 1891년의 일이다. 당시 와일드는 태커레이가 "위인들에게서나 볼 수 있는 하늘의 하사품"이라고 표현한 성공을 거두고 있었다. 그의 몸짓과 시선은 기고만장했다. 그의 성공은 너무나도 확실해서 마치 와일드를 앞질러 가는 듯했고, 그는 그저 앞으로 나아가기만 하면 되는 것처럼 보였다. 그의 책들은 사람들을 경탄시키고 매혹했다. 그의 연극들은 런던을 들끓게 했다. 그는 부자였고, 키가 훤칠한 미남이었다. 한마디로, 그는 행복과 영예를 듬뿍 누리고 있었다. 어떤 이들은 그를 아시아의 바쿠스 신神에 비유하기도 했고, 어떤 이들은 로마 황제에 그리고 또 다른 이들은 아폴로 신에 비유하기도 했다. 분명한 사실은 그가 빛을 발하고 있었다는 것이다.

파리에서는 그가 도착하자마자 그의 이름이 사람들의 입에 오르내렸다. 심지어 사람들은 그에 관한 이런저런 기담奇談들을 전하기도 했다. 이를테면 와일드가 금분을 바른 담배를 피운다든지, 한 손에 해바라기 꽃을 들고 거리를 산책한다든지 하는 소문들이었다. 세속적인 명성을 지어내는 이들을 우롱하는 데에 능숙한 와일드는 자신의 진정한 모습을 감춘 채 우스꽝스러운 허상을 창조해 내어 재간 있게 연기할 줄 알고 있었다.

나는 말라르메의 집에서 와일드에 대한 이야기를 들은 적이 있었다. 사람들이 그가 뛰어난 재담꾼이라고 하기에 나는 그를 만나보고 싶었다. 한편으로는 그를 만나는 일이 없기를 바라면서도 말이다. 운 좋게도 내게 우연한 기회가 찾아왔다. 아니 좀더 정확하게 말하자면, 그를 만나보고 싶다는 내 얘기를 들었던 한 친구가 내게 기회를 만들어 주었다. 그 친구가 한 레스토랑으로 와일드를 저녁 식사에 초대했던 것이다. 우리는 모두 넷이었는데, 말을 하는 사람은 오직 와일드뿐이었다.

와일드는 잡담을 지껄이는 게 아니라, 지어낸 이야기들을 늘어놓았다. 식사 시간 동안 거의 내내, 그는 쉬지 않고 얘기했다. 그는 부드럽게 그리고 천천히 이야기했다. 그의 목소리 자체가 기묘했다. 그는 경탄할 만큼 프랑스어를 잘 알고 있었는데, 의도적으로 우리에게 어떤 낱말을 기다리게 해놓고는 그 낱말을 애써 찾는 체하기까지 했다. 그에게는 외국인의 이상한 발음이 거의 없었다. 단, 그가 기꺼이 고수하려는 이상한 발음이 있었는데, 그런 발음으로 인해 낱말들이 참신하면서도 기이한 외상外相을 띠는 것이었다. 가령, 그는 프랑스어의 '셉티시슴scepticisme'을 의도적으로 '스켑티시슴skepticisme'으로 발음했다. 그날 저녁 와일드가 쉬지 않고 우리에게 늘어놓은 콩트들은 혼란스러웠고 뛰어난 것들이 아니었다. 우리를 미심쩍어 하던 와일드가 우리를 시험하고 있었던 것이었다. 자신의 지혜나 자신의 광기에 관해서 상대방이 음미할 수 있을 것이라고 생각하는 것밖에 얘기하지 않았다. 각자에게 구미에 맞는 음식을 제공하는 것이었다. 그에게 아무것도 기대하지 않는 사람에게는 아무것도 제공하지 않거나 기껏해야 간단한 후식거리를 조금 대접할 뿐이었다. 무엇보다도 그는 사람들을 즐겁게 해주려는 데에 열중하기 때문에, 그를 안다고 생각하는 사람들 중에 많은 이들이 그를 익살꾼으로밖에 보지 않았다.

식사가 끝나자 우리는 밖으로 나왔다. 내 친구 둘이 나란히 걸어가고 있었으므로, 와일드는 나를 잡아끌더니 불쑥 내게 말했다.

"당신은 두 눈으로 말을 들어요. 자, 그렇기 때문에 당신께 다음 이야기를 하는 거요. 나르시스가 죽자 들판의 꽃들이 비탄에 잠겼어요. 그래서 강물에게 가서 나르시스를 애도할 물방울들을 달라고 졸랐어요. 강물이 대답하기를, '나의 모든 물방울들이 너희들의 눈물이 되어버리면, 내가 나르시스를 애도할 물방울들이 충분하지 않을 거야. 나도 나르시스를 사랑했어.' 그러자 들판의 꽃들이 대답했어요. '오! 어찌네가 나르시스를 사랑하지 않을 수 있었겠니? 그는 아름다웠어.' 강물이 말하기를, '나르시스가 아름다웠다고?' 그러자꽃들이 '그걸 너보다 더 잘 아는 이가 어디 있겠니? 날마다네 강가에 고개를 숙인 채, 네 물 속에서 자기의 아름다움을비춰보곤 했는데' 라고 말했어요."

여기에서 와일드는 잠시 말을 멈추었다.

"강물이 '내가 나르시스를 사랑한 것은, 그가 내 물 위에몸을 숙였을 때, 그의 두 눈 속에 반사된 내 물을 볼 수 있었기 때문이야' 라고 대답했지요."

이 말을 하고 나서, 와일드는 한바탕 기이한 웃음보를 터뜨리고 거드름을 피우면서 다음과 같이 덧붙였다.

"이걸 바로 제자弟子라고 하는 거요."

그의 집 문 앞에 다다르자 우리는 그와 헤어졌다. 와일드가 다시 만나자고 나를 초대했다. 그 해와 그 이듬해에 나는 와일드를 여기저기에서 자주 만났다.

앞서 말했듯이, 다른 사람들 앞에서 와일드는 장식용 가면을 쓰고서 사람들을 감탄시키거나 즐겁게 하거나 때로는 자극하려 하곤 했다. 그는 결코 다른 사람들의 말을 귀담아 듣지 않았고, 자기 생각이 아닌 타인의 생각에는 거의 괘념하지 않았다. 혼자서 좌중을 압도하지 못하면, 즉시 그는 슬그머니 사라져버리곤 했다. 그럴 때는 오로지 그와 단둘이 마주함으로써만 예의 와일드를 다시 만날 수 있었다.

단둘이 되자마자, 와일드는 말을 꺼내기 시작했다.

"어제 이후 무엇을 하셨지요?"

당시 나는 별 문제 없이 살아가고 있었으므로, 내 일상에 대해 할 수 있는 얘기는 전혀 관심거리가 될 수 없었다. 내가 말하는 동안에 와일드의 이마가 어두워지는 것을 간파하면서도 나는 순순히 판에 박힌 말들을 다시 했다.

"정말이지 그게 당신이 한 일이요?"

"그렇소"라고 나는 대답했다.

"게다가 당신 말은 사실이죠!"

"그렇소. 사실이고말고요."

"그렇다면 왜 그런 말을 재차 하는 거요? 당신도 잘 알다시피, 당신 말은 조금도 흥미가 없어요. 두 개의 세계가 있다는 것을 알아두시오. 하나는 말을 하지 않아도 존재하는 세계요. 이것을 현실 세계라 부르지요. 뻔히 보여서 조금도 언급할 필요조차 없기 때문에 그렇게 부르는 것이오. 다른 하나는 예술 세계요. 이게 말을 해야 하는 세계요. 왜냐하면 그렇지 않으면 예술 세계는 존재하지 않을 것이기 때문이요.

옛날에 한 사나이가 있었어요. 마을 사람들은 이 사나이를 좋아했어요. 왜냐하면 이런저런 이야기를 해주기 때문이었어요. 매일 아침 그 사나이는 마을을 떠났다가 저녁이 되면 돌아왔어요. 그가 돌아오면, 하루 종일 힘들게 일한 마을의 노동자들이 그 사내의 주변에 몰려들어 말했지요. '자, 얘기해 봐. 오늘은 뭘 봤어?' 사내는 얘기했어요. '숲 속에서 피리를 불고 있는 목신牧神을 보았는데 작은 요정들이 원무를 추고 있었죠.' 사람들은 '또 얘기해봐. 뭘 봤어?' 라고 물었어요. '내가 바닷가에 도착했을 때, 파도 위에서 금 빗으로 초록색 머리카락을 빗고 있는 세 인어들을 봤죠.' 사람들은 그 사내를 좋아했어요. 그들에게 이런저런 이야기들을 들려주었으니까요.

어느 날 아침, 여느 때와 마찬가지로 사내는 마을을 떠났어요. 그런데 그가 바닷가에 도착했을 때, 그는 세 인어들을, 파도 위에서 금 빗으로 초록색 머리카락을 빗고 있는 세 인어들을 보았어요. 그리고 계속해서 산책했어요. 숲 근처에 이르러 그 사내는 원무를 추고 있는 요정들과 함께 피리를 불고 있는 목신을 보았어요…. 그날 저녁, 사내가 마을에 돌아오자 여느 때와 마찬가지로 사람들이 그에게 물었어요. '자. 얘기해봐. 뭘 봤어?' 그러자 사내는 '아무것도 보지 못 했어요' 라고 대답했어요."

와일드는 잠시 말을 멈추고는 이 콩트의 파장이 내 안에서 가라앉기를 기다렸다가 다시 말을 이었다.

"당신 입술이 마음에 들지 않아요. 한번도 거짓말을 해보지 않은 입술처럼 당신 입술은 일직선이에요. 고대 가면의 입술처럼 당신 입술이 아름다워지고 일그러지도록 당신에게 거짓말하는 법을 가르쳐 주고 싶어요.

예술 작품을 만들어 내는 것이 무엇이고, 자연의 작품을 만들어 내는 것이 무엇인지 아시오? 이 둘을 차이 나게 하는 것이 무엇인지 아시오? 요컨대 나르시스 꽃은 예술 작품만큼이나 아름답기 때문에, 이 둘을 구분시켜 주는 게 아름다움이 될 수는 없는 것이오. 이 둘을 구분시켜 주는 것이 무엇인지 아시오? 예술 작품은 늘 유일해요. 항구적인 그 무엇도 만들어 내지 못하는 자연은 늘 반복되지요. 자신이 만들어 내는 그 어떤 것도 상실되지 않도록 하기 위해서요. 나르시스 꽃들은 많아요. 자 그렇기 때문에 나르시스는 하루밖에 살 수 없는 것이오. 자연이 매번 하나의 새로운 형상을 창조해낼 때마다, 자연은 즉시 그 형상을 복제하지요. 어느 바다에 있는 바다 괴물은 다른 바다에 자신을 닮은 바다 괴물이 있다는 것을 알아요. 역사가 네로와 보르기아와 나폴레옹을 창조할 때, 신은 또 하나의 네로와 보르기아와 나폴레옹을 비축해 두고 있었어요. 사람들은 이 사실을 모르고 있어요. 그건 별로 중요하지 않아요. 중요한 것은 하나가 성공하는 것이에요. 신이 인간을 창조했기 때문에 인간은 예술 작품을 창조하는 것이오.

그래요. 알아요… 어느 날 지구상에 크나큰 불안이 닥쳤어요. 마침내 자연이 무엇인가 유일한 것, 정말이지 유일한 무엇인가를 창조해 내려는 듯했어요. 그래서 그리스도가 이 땅에 태어난 것이오. 그래요. 잘 알아요… 하지만 내 말을 들어보시오.

그 저녁에 요셉이 예수가 방금 죽었던 골고다 언덕을 내려왔을 때. 요셉은 하얀 돌 위에 앉아서 울고 있는 한 젊은이를 보게 됐어요. 그래서 요셉은 그에게로 다가가서 말했어요. '네 고통이 크다는 것을 나는 이해하겠다. 왜냐하면 분명히 그 사람은 정의로운 자였기 때문이었으니까 말이다.' 그런데 그 젊은이가 대답하기를. '오! 그 때문에 우는 게 아닙니다. 나도 기적들을 일으켰기 때문에 울고 있는 것입니다. 나도 장님들의 눈을 뜨게 해주었고. 마비된 자들을 낫게 했고, 죽은 이들을 다시 살아나게 했습니다. 나도 열매가 열리지 않는 무화과나무들을 말라죽게 했고, 물을 포도주로 바꾸어 놓았습니다… 그런데 사람들이 나를 십자가에 못 박지 않았습니다.'"

내가 보기에 오스카 와일드는 자신의 예술적 소명을 굳게 믿고 있었다.

복음은 신앙이 없는 와일드를 불안케 하고 괴롭히고 있었다. 복음은 그의 기적들을 용납하지 않고 있었다. 신앙 없는 자의 기적, 그것은 곧 예술 작품이었다. 기독교가 이를 침해하고 있었다. 예술의 비현실성을 아무리 확고하게 믿는다고 해도 삶에서 입증된 현실 감각이 요구되는 법이다.

와일드가 지어낸 뛰어난 우화들과 위험천만한 풍자 이야기들은 세속적 자연주의와 기독교적 이상주의라는 두 윤리를 대결시키면서 모든 각도에서 기독교적 이상주의를 와해시키려는 것들이었다.

와일드는 다음과 같은 이야기를 했다.

"예수가 나자렛으로 돌아가려고 했을 때, 나자렛은 너무나 변해 있었어요. 예수는 자기 마을을 알아보지 못했어요. 그가 살았던 나자렛은 탄식과 눈물로 가득 차 있었어요. 그런데 새 마을은 웃음소리와 노래로 가득했어요. 마을로 들어서며 그리스도는 꽃을 든 노예들이 하얀 대리석으로 만든 집의 대리석 계단으로 몰려가는 것을 보았어요. 그리스도는 그 집안으로 들어갔어요. 그리스도는 벽옥碧玉으로 치장된 방 안쪽의 주홍빛 잠자리 위에 드러누워 있는 한 남자를 바라보았어요. 이 남자의 헝클어진 머리는 빨간 장미들과 뒤섞여 있고 입술은 포도주로 붉게 물들어 있었어요. 그리스도가 그 남자에게로 다가가 어깨를 어루만지면서 말했어요. '그대는 왜 이런 생활을 하는가?' 그 남자는 돌아서서 그리스도를 알아보고는 대답했어요. '나는 문둥병 환자였습니다. 당신께서 저를 치료해 주셨습니다. 왜 내가 다른 삶을 살아가야 하지요?'

그리스도는 그 집을 나왔어요. 그리스도는 길에서 한 여인을 만났는데, 얼굴에는 짙은 화장을 했고, 옷은 화려했으며, 두 발에는 진주를 장식하고 있었어요. 그 여인 뒤에는 한 남자가 뒤따르고 있었는데, 옷차림은 단출했지만 두 눈에는 욕정이 가득했어요. 그리스도는 그 남자에게 다가가 어깨를 어루만지며 말했어요. '도대체 왜 그대는 이 여인을 따라가고 있으며, 왜 그런 눈으로 여인을 쳐다보는가?' 그 남자는 돌아서서 그리스도를 알아보고는 대답했어요. '나는 맹인이었습니다. 당신께서 나를 치료해 주었습니다. 내 눈으로 다른 무엇을 보지요?'

그리스도는 그 여인에게 다가가서 말했어요. '그대가 가고 있는 길은 죄의 길이다. 왜 죄의 길을 따르는가?' 여인이 그리스도를 알아보고는 웃으면서 말했어요. '내가 가는 길은 기분 좋은 길입니다. 게다가 당신께서 나의 모든 죄들을 용서해 주었습니다.'

그리스도는 가슴이 슬픔으로 벅차오르는 것을 느꼈고, 이 마을을 떠나고 싶었어요. 그런데 마을을 빠져나오고 있을 때, 마침내 그리스도는 도랑가에 앉아 울고 있는 한 청년을 만나게 되었어요. 그리스도가 그에게로 다가가서 청년의 치렁치렁한 머리를 쓰다듬으면서 말했어요. '내 친구여, 그대는 왜 우는가?'

라자르가 눈을 들어 그리스도를 알아보고는 대답했어요. '나는 죽었었습니다. 당신께서 나를 다시 살려주었습니다.

내가 다른 무엇을 할 수 있겠습니까?' "

또 어느 날인가는, 사람들로 가득한 카페 에레디아의 홀 한가운데서 나를 따로 불러내더니, 와일드는 "내가 한 가지 비밀을 말해 드릴까?"라고 내게 말을 걸었다. "비밀인데… 하지만 그 전에 누구에게도 발설하지 않는다고 내게 약속해 주시오… 왜 그리스도가 자기 어머니를 사랑하지 않았는지 아시오?" 그는 수치스러운 듯이 낮은 음성으로 내 귀에다 대고 말했다. 그리고는 잠시 뜸을 들이고 나서, 내 팔을 붙잡고 뒤로 물러서다가 갑자기 웃음을 터뜨리면서 말했다.

"왜냐하면 어머니가 숫처녀였기 때문이오!!!"

인간의 사고가 부딪칠 수 있는 가장 기이한 콩트들 중의 하나를 더 소개하고자 한다. 와일드가 지어낸 것 같은 이 콩트의 모순을 이해할 수 있는 이는 이해할 것이다.

"… 그리고는 신의 법정에 무거운 침묵이 흘렀어요. 이윽고 죄인의 영혼이 벌거벗은 채로 신 앞으로 걸어 나갔어요. 그러자 신은 죄인의 삶을 기록한 책을 펼쳤어요. '보나마나 네 삶은 아주 형편없었겠지. 너는 이런 일들을 했지(와일드는 이 대목에서 기상천외한 죄목들을 장황하게 열거했다). 네가 이 모든 짓을 다 했기 때문에 너를 지옥으로 보내야겠다.'

'나를 지옥으로 보낼 수는 없습니다.'

'왜 너를 지옥으로 보낼 수 없다는 말이냐?'

'왜냐하면 나는 지옥에서 일생을 살았기 때문입니다.'

신의 법정에 무거운 침묵이 흘렀어요.

'그래. 너를 지옥으로 보낼 수 없는 이상, 너를 천국으로 보내야겠다.'

'나를 천국으로 보낼 수 없습니다.'

'왜 너를 천국으로 보낼 수 없단 말이냐?'

'왜냐하면 나는 결코 그걸 상상할 수 없기 때문입니다.'

그리고는 신의 법정에 무거운 침묵이 흘렀어요."[2]

어느 날 아침, 와일드는 꽤나 인정받는 한 비평가의 글을 읽어보라고 내게 내밀었다. 비평가는 와일드가 "자기 사고를 잘 포장하기 위해 재미있는 콩트들을 지어낼 줄 안다"고 칭찬하고 있었다. 와일드가 먼저 말했다.

"비평가들은 모든 사고가 알몸으로 탄생한다고 생각해요. 그들은 콩트로서 이외에는 달리 내가 사고할 수 없다는 것을 이해하지 못해요. 조각가는 자기 사고를 대리석으로 옮기려고 애쓰는 게 아니에요. 조각가는 직접 대리석으로서 생각해요.

청동으로서밖에 생각할 수 없는 한 남자가 있었어요. 어느 날 그에게 한 가지 생각이 떠올랐어요. 기쁨에 대한 생각, 순간에만 머무는 기쁨에 대한 생각이었어요. 그는 이 생각을

---

[2] 빌리에 드 릴아당Villiers de l'Isle-Adam이 교회의 특급 비밀을 누설한 이후로 모두가 알고 있는 사실이 있다. 즉 연옥이 없다는 것이다.

표현해야만 한다고 느꼈어요. 하지만 이 세상 어디에도 단 한 조각의 청동도 남아 있지 않았어요. 사람들이 다 써버렸던 거예요. 그 남자는 만일 자기 생각을 표현하지 않는다면 미치광이가 될 거라고 느꼈어요.

그는 자기 아내의 무덤에 한 조각의 청동이 있다는 것을 생각해 냈어요. 그것은 그가 사랑한 유일한 여자였던 아내의 무덤을 장식하려고 손수 만든 동상이었는데, 슬픔의 동상, 일생을 머무는 슬픔의 동상이었어요. 그 남자는 자기 사고를 표현하지 못한다면 미치광이가 될 거라고 느꼈어요.

그래서 그는 이 슬픔의 동상, 일생을 머무는 슬픔의 동상을 가져다가 부수고 녹여서 기쁨의 동상, 순간에만 머무는 기쁨의 동상을 만들었어요."

와일드는 예술가에게 어떤 숙명이 있다는 것을 믿고 있었고, 사고思考가 인간보다 더 강렬하다고 믿고 있었다. 그는 내게 말했다. "두 부류의 예술가들이 있어요. 어떤 이들은 대답을 제시하고, 다른 이들은 질문을 제기해요. 우리가 대답하는 이들에 속하는지 질문하는 이들에 속하는지 알아야만 해요. 질문하는 자는 결코 대답하는 자가 아니니까요. 사람들이 이해하지 못해서 오랫동안 기다리는 작품들이 있어요. 왜냐하면 그런 작품들은 아직 제기되지 않은 질문에 대한 대답을 제시하고 있기 때문이에요. 흔히, 질문은 이미 대답이 주어진 뒤, 너무나도 오랜 뒤에 제기되니까요."

와일드는 다음과 같은 말도 했다.

"영혼은 육체 속에서 늙은 채로 태어나요. 육체가 늙는 것은 바로 영혼을 젊어지게 하기 위한 것이에요. 플라톤은 소크라테스의 젊음이에요…"

그 후 3년 동안 나는 와일드를 다시 만나지 못했다.

II

이제 비극적인 추억들이 시작된다.

와일드가 성공을 거두고 있다는(당시 런던에서는 3개의 극장에서 동시에 그의 작품을 공연하고 있었다) 소문과 더불어, 또 다른 소문이 끈질기게 점점 확산되어 퍼지고 있었다. 그 소문에 따르면, 와일드에게 기이한 품행[3]이 있다는 것이었다. 그런 품행에 대해서 어떤 이들은 웃으면서 화를 냈고, 다른 이들은 전혀 분개하지 않았다. 게다가 사람들 말에 의하면, 와일드가 그런 품행을 감추려 하기는커녕 노골적으로 드러낸다고 했다. 어떤 이들은 용기 있게, 어떤 이들은 조소적으로, 또 다른 이들은 애정을 가지고 얘기했다. 놀라움으로 뒤범벅이 된 채 나는 그 소문을 듣고 있었다. 내가 와일드를 자주 만나기 시작한 이후, 나는 조금도 의심을 품을 수 없었

---

3) 이 당시 와일드는 앨프리드 더글러스 경卿과 동성애에 빠졌다는 소문에 휩싸여 있었다 — 옮긴이.

다. 하지만 이미 상당수의 친구들이 와일드의 곁에서 떠나고 있었다. 그때까지만 해도 와일드를 냉혹하게 버리지는 않고 있었지만, 더 이상 그를 만나고 싶어 하지는 않았다.

아주 기막힌 우연으로 인해 우리 둘의 노정路程이 다시 교차하게 되었다. 1895년 1월의 일이다. 나는 여행 중이었다. 내가 여행을 하게 된 것은 울적한 기분 때문이었고, 새로운 곳을 찾아서라기보다는 고독을 찾기 위해서였다. 날씨는 지긋지긋했다. 나는 알제를 떠나 블리다로 은신했고, 블리다를 떠나 비스크라로 가려던 참이었다. 호텔을 떠나려는 순간 심심풀이 호기심으로 여행자들의 이름이 적힌 흑판을 쳐다보았다. 내가 무엇을 보았느냐고? 내 이름 바로 옆에 와일드의 이름이…. 조금 전에 말했듯이, 나는 고독을 목마르게 찾고 있던 참이었다. 나는 흑판 지우개를 집어 들어 내 이름을 지워버렸다.

역에 도착하기 전에, 나는 내 행동에 비열함이 조금 숨어 있는 것은 아닌가 하는 의심이 들었다. 그 즉시 나는 발길을 돌려 호텔 방에 내 가방들을 올려다놓고 나서 다시 흑판 위에 내 이름을 적었다.

내가 그를 만나지 않았던 3년 동안(1년 전 피렌체에서의 짧은 만남을 제외하고) 와일드는 분명히 변해 있었다. 그의 시선에는 부드러움이 사라졌고, 그의 웃음에는 쇳소리 나는 무엇인가 섞여 있었고, 그의 기쁜 표정에는 억지스러움이 끼여 있었다. 그는 남의 기분을 맞추는 데에 훨씬 더 자신 있어 하

면서도, 그것을 달성하려는 욕망은 훨씬 더 줄어든 것 같았
다. 그는 대담해졌고, 확고해졌고, 강해져 있었다. 이상한 것
은 더 이상 우화들을 들먹이며 얘기하지 않는다는 것이었다.
그의 곁에 머물던 며칠 동안 나는 그에게서 아무런 콩트도
들을 수 없었다.

　　무엇보다도 그를 알제리에서 조우하게 되었다는 사실에
나는 놀랐다. 와일드는 내게 설명했다. "오! 이제는 내가 예술
작품을 멀리 하고 있기 때문이오. 내가 열렬히 사랑하고 싶
은 것은 오직 태양밖에 없어요. 태양이 사고思考를 아주 싫어
한다는 것을 깨달은 적이 있나요? 태양은 늘 사고를 물리치
고는 음지 속으로 피신해 버리지요. 애초에 사고는 이집트에
살고 있었어요. 그런데 태양이 이집트를 정복해 버렸어요. 사
고는 오랫동안 그리스에서 살았는데, 태양이 그리스를 정복
해 버렸어요. 그 뒤에는 이탈리아 그리고 또 그 뒤에는 프랑
스였지요. 현재는 모든 사고가 태양이 찾아오지 않는 노르웨
이와 러시아까지 쫓겨나 있어요. 태양은 예술 작품을 질투해
요."

　　태양을 열렬히 사랑한다는 것. 아! 그것은 곧 삶을 열렬히
사랑한다는 것이었다. 와일드의 열정적인 사랑이 지독하게
거칠어지고 있었다. 그는 어떤 숙명에서 빠져나올 수 없었고,
빠져나오고 싶어 하지도 않았다. 자신의 운명을 과신하며 자
기 자신을 괴롭히는 데에 모든 심혈을 기울이고 있었다. "나
에 대한 나의 의무는 지독하게 나를 즐겁게 해주는 것이오"

라고 그는 말했다. 니체도 와일드만큼 나를 놀라게 하지는 않을 것이었다. 왜냐하면 나는 와일드가 다음과 같이 말하는 것을 들었기 때문이다. "행복은 아니에요! 특히 행복은 아니에요! 쾌락! 항상 가장 비극적인 것을 원해야만 해요…."

와일드는 알제 거리에서 한 무리의 부랑배들에 둘러싸여 걸어가고 있었다. 부랑배들과 일일이 말을 주고받으면서 그들 모두를 즐겁게 쳐다보았고, 그들에게 되는 대로 자기 돈을 집어던지고 있었다.

"나는 이 도시를 문란에 빠뜨려 버렸으면 해요"라고 그는 내게 말했다.

나는 플로베르가 했던 말을 생각했다. 어떤 종류의 영광을 가장 갈망하느냐고 물었을 때, 플로베르는 "풍기문란자의 영광"이라고 대답했었다.

나는 이 모든 광경들을 보면서 놀라움과 경탄과 두려움에 싸여 있었다. 나는 와일드의 쇠약해진 건강 상태와 그를 향한 적개심과 비난들을 알고 있었고, 그가 과시하고 있던 무모한 환락 이면에 얼마나 음습한 불안이 감추어져 있는지를 알고 있었다.[4]

---

[4] 알제를 떠나기 직전 어느 날 저녁이었다. 그날 따라 와일드는 그 어떤 진지한 이야기도 하지 않기로 작심한 듯했다. 결국 나는 그가 지껄여대는 너무나도 재기 넘친 역설적인 이야기에 조금은 화가 났다. 내가 먼저 말을 꺼냈다. "농담 짓거리보다 더 나은 말을 할 게 있을 텐데요. 오늘 저녁은 마치 나를 청중처럼 여기며 말하고 있어요. 그보다는 오히려 당신 친구들에게 말하듯이 청중에게 말하는 편이 나을 거요. 어째서 당신의 연

그는 런던으로 돌아가겠다고 했다. Q후작[5]이 그에게 욕지거리를 해대며 도망 다닌다고 비난하면서 그를 호출하고 있었다. 내가 그에게 물었다.

"그런데 당신이 런던으로 되돌아가면 무슨 일이 벌어질

극 작품들이 뛰어나지 못한지를 아시오? 당신의 재능이 펼칠 수 있는 최고의 것을 당신은 말로 해요. 왜 그것을 글로 쓰지 않는 거요?" 와일드는 즉시 큰 소리로 말했다. "오! 내 연극 작품들이 전혀 별 볼 일이 없다고요! 나는 조금도 신경 쓰지 않아요. 하지만 내 작품들이 얼마나 웃기는지 당신 아시오? 거의 모든 내 작품들이 내기의 산물이오. 『도리안 그레이』도 마찬가지요. 며칠만에 나는 이 작품을 썼어요. 왜냐하면 내 친구들 중 하나가 나보고 결코 소설을 쓸 수 없을 것이라고 주장했기 때문이오. 글을 쓴다는 것은 너무나 지겨워요." 이 말을 하고 나서 와일드는 갑자기 내 쪽으로 몸을 기울이며 말했다. "내 인생의 커다란 비극이 뭔지 알고 싶소? ─ 그것은 내가 내 삶에 모든 재능을 쏟아 부은 반면에, 내 작품에는 고작해야 내 재주만을 부렸을 뿐이라는 거요."

　그의 말은 명백한 사실이었다. 그의 글 가운데 최상의 것도 그의 화려한 대화들을 생기生氣 없이 재현한 것에 불과했다. 그가 말하는 것을 들어본 사람들은 그의 작품을 읽으면서 실망하기 마련이다. 무엇보다도 『도리안 그레이』는 경탄할 만한 이야기였다. 발자크의 『신통의 가죽』보다도 얼마나 더 훌륭하고 얼마나 더 의미심장한 이야기였던가! 불행하게도 글로 써놓고 보니 실패한 걸작이 아니던가! 그의 가장 매혹적인 콩트들에는 지나친 허구가 섞여 있어서 아무리 우아하다 할지라도 너무나 허식이 느껴진다. 겉치레와 완곡어법 때문에 첫 창작물이 갖는 아름다움이 가려져 있다. 그래서 이 콩트들이 만들어졌던 세 순간들을 감지할 수 있다. 최초의 생각은 너무나 아름답고 단순하고 심오하며 반향을 일으키기에 충분하다. 일종의 잠재적인 필연성이 콩트의 여러 부분들을 확실하게 얽어매고 있다. 하지만 바로 여기에서 천부적인 재능이 멈추고 만다. 부분들의 전개가 인위적으로 이루어져서 짜임새가 별로 없다. 그 다음으로 와일드가 문장들을 다듬고 부각시켜 나갈 때면, 너무나도 지나치게 멋부린 문체와 우스꽝스럽고도 이상하게 꾸며낸 이야기들로 인해 감동이 멈춰버리고, 허울의 아롱거림 때문에 핵심적인 심오한 감동을 감지하지 못하게 된다.

5) 앨프리드 더글러스 경의 아버지 퀸스베리Queensberry 후작을 지칭함
　─ 옮긴이.

까요? 당신은 어떤 위험을 무릅쓰고 있는지 아시오?"

"그런 건 알 필요가 전혀 없어요. 내 친구들은 비범해요. 그들은 내게 신중하라고 충고해요. 신중이라고! 내가 신중할 수 있어요? 그렇다면 그것은 후퇴하는 것일 거요. 갈 데까지 가야만 해요… 더 이상 이대로 그냥 내버려둘 수는 없어요… 내게 무슨 일인가 닥쳐야 해요. 무언가 다른 일 말이요…."

와일드는 그 다음날 배를 탔다.

그 나머지 이야기는 익히 알려진 대로이다. 그 '무언가 다른 일,' 그것은 중노동이었다.[6]

III

감옥에서 나오자마자, 오스카 와일드는 프랑스로 되돌아 왔다. 디에프 근처, 사람들의 눈에 잘 띄지 않는 작은 시골 마을 베르느발Berneval에 세바스티엥 멜모스라는 자가 정착했

---

6) 방금 인용한 내용에는 내가 지어내거나 덧붙인 것이 전혀 없다. 와일드 가 한 말들은 지금도 내 머리에 아니 내 귀에 생생하게 남아 있다. 와일 드가 감옥을 향해 나아가고 있다는 것을 분명하게 알고 있었다고 말하려 는 것은 아니다. 반면에 내가 주장하고자 하는 것은, 런던을 떠들썩하게 만들었던, 졸지에 오스카 와일드를 고소인에서 피고소인으로 만들어 버 렸던 그 돌발 사태에 그는 전혀 놀라지 않았다는 것이다. 그를 실없는 놈 으로밖에 다루려 하지 않았던 신문들로 인해 와일드는 자기를 방어하려 던 입장을 바꿔야 했고, 심지어 그에게서 모든 판단력을 앗아가 버렸던 것이었다. 아마도 먼 훗날, 이 구역질나는 소송을 진흙탕에서 건져 올리 는 것이 온당할 것이다.

다. 바로 오스카 와일드였다. 프랑스 친구들 가운데 내가 그를 마지막으로 만났기에, 나는 첫 번째로 그를 다시 만나고 싶었다. 그의 주소를 확보하자마자 나는 달려갔다.

나는 한낮에 도착했다. 나의 방문을 알리지 않은 터였다. T모 씨가 종종 성의를 다해 디에프로 초대하곤 했기 때문에, 멜모스는 저녁에야 귀가하게 되어 있었다. 밤중이 되어서야 그는 돌아왔다.

아직은 겨울이었다. 날씨는 춥고 짓궂었다. 낮 동안 내내 낙담한 채 무료함에 못 이겨 나는 텅 빈 해변을 어슬렁거렸다. 어떻게 와일드가 베르느발을 거처로 선택할 수 있었을까? 참담했다.

밤이 되었다. 멜모스가 기거하는 호텔, 하기야 그 마을에 하나밖에 없는 호텔로 돌아와서 방 하나를 잡았다. 깨끗하고 좋은 곳에 위치한 호텔에는 그저 평범한 몇몇 사람들만이 묵고 있었다. 내가 저녁을 함께하려 했던 이에 비하면 별 볼일 없는 작자들이었다. 멜모스에게는 슬픈 환경이었다.

다행하게도 내겐 책이 한 권 있었다. 침울한 저녁! 열한 시… 기다리기를 포기하려 할 즈음, 마차 소리가 들렸다. 멜모스 씨가 도착했던 것이었다.

멜모스 씨는 온몸이 꽁꽁 얼어붙어 있었다. 도중에 외투를 잃어버렸던 것이었다. 전날 하인이 가져다준 공작 깃털 하나(끔찍한 전조)가 그에게 불행이 닥치리란 것을 예고하고 있었다. 그는 그 정도로 그쳤다는 데에 다행스러워하고 있었다. 하지만 그는 벌벌 떨고 있었고, 그에게 그로그[뜨거운 레몬 럼주]를 대령하느라 호텔 전체가 야단법석이었다. 그는 나에게 인사를 하는 둥 마는 둥했다. 적어도 남들 앞에서는 감동받은 모습을 보이지 않으려고 했다. 예전의 오스카 와일드와 너무나도 닮은 세바스티엥 멜모스를 대하게 되자, 나의 감흥도 거의 동시에 가라앉았다. 알제리에서 만났던 격정적인 미치광이가 아니라, 위기를 맞기 이전의 온유한 와일드였다. 나는 2년 전이 아니라 4-5년 전으로 거슬러 올라가 있었던 셈이다. 그때와 똑같은 목소리, 또렷또렷한 시선, 장난기 섞인 웃음….

그는 호텔에서 가장 좋은 방 두 개를 쓰고 있었는데, 취향에 맞도록 개조한 방들이었다. 탁자 위에는 많은 책들이 널려 있었고, 그 중에서 얼마 전에 출판된 나의 『지상의 양식』을 내게 보여 주었다. 커다란 받침대 위에 서 있는 고딕 양식의 성모 마리아 상像이 어둠 속에 묻혀 있었다.

이제 우리는 등잔 곁에 앉았고, 와일드는 그로그를 조금씩 마셨다. 좀더 밝은 불빛 아래 있게 되자, 나는 그의 얼굴 피부가 홍조를 띠고 정상으로 되돌아온 것을 알아차렸다. 예전의 반지들을 끼고 있는 양손의 살갗은 더욱 불그스레했다. 그가 매우 아끼던 반지 머리에는 청금석으로 만든 이집트 신성갑충이 달려 있었다. 그리고 그의 치아들은 심하게 망가져 있었다.

우리는 이런 저런 얘기들을 했다. 나는 지난번 알제에서

의 만남에 대해 재차 말했다. 당시에 내가 그에게 파국을 예
견했던 사실을 기억하고 있느냐고 나는 물었다.

"당신은 영국에서 당신을 기다리고 있던 것이 무엇인지
거의 알고 있었던 게 아니오? 당신은 위험을 예측하고서도
그 위험 속으로 뛰어든 게 아니오?"

(여기에서는 와일드와 만난 직후에 내 기억에 남아 있던 그
의 말들을 기록해 놓은 종잇장들을 그대로 옮겨 적는 것보다 더
나은 게 없으리라 생각한다.)

"오! 물론이고말고요! 당연히 파국이 도사리고 있다는 것
을 나는 알고 있었지요. 그런 파국이든 다른 파국이든 나는
파국을 기다리고 있었어요. 그렇게 종결되어야만 했어요. 그
러니까 생각해 보시오. 그 상태대로 더 간다는 게 불가능했
어요. 그리고 그런 상태가 더 이상 지속될 수가 없었어요. 당
신도 이해하다시피 그렇기 때문에 종결이 나야만 했어요. 감
옥이 나를 완전히 바꾸어 놓았어요. 그런 이유로 나는 감옥
을 기대하고 있었어요. 보시[7]는 끔찍해요. 그는 그걸 이해할
수 없어요. 그는 내가 예전의 삶을 다시 똑같이 살지 않는 것
을 이해할 수 없어요. 그는 나를 바꾸어 놓았다고 다른 사람
들을 비난하고 있어요… 하지만 같은 삶을 다시 살아서는 안
되는 법이오… 내 삶은 한 편의 예술 작품과도 같은 것이오.
예술가는 두 번 다시 같은 것을 시작하지 않아요… 그렇지

---

7) 앨프리드 더글러스 경의 애칭.

않은 경우는 예술가가 성공하지 못했기 때문이오. 감옥 이전
의 내 삶은 성공할 만큼 성공한 삶이었소. 지금 그 삶은 하나
의 완성된 삶이오."

그는 담배에 불을 붙였다.

"대중은 정말이지 끔찍해서, 한 인간을 판단할 때, 그가
마지막으로 한 일로밖에 판단하지 않아요. 내가 지금 파리로
되돌아간다면, 사람들은 나를 죄수로밖에 보려하지 않을 것
이오. 한 편의 극을 완성하기 전에는 다시 사람들 앞에 나서
고 싶지 않아요. 그때까지는 나를 가만히 내버려둬야만 해
요." 그리고 그는 황급히 덧붙였다. "내가 여기에 온 게 잘한
일 아니오? 내 친구들은 내가 남프랑스에 가서 쉬기를 바랐
어요. 왜냐하면 처음에 나는 아주 피곤해 있었거든요. 하지만
나는 친구들에게 나를 위해서 북부에 있는 아주 작은 해변을
찾아달라고 부탁했어요. 내가 아무도 만나지 않을 수 있는
곳, 날씨가 추운 곳, 해를 거의 볼 수 없는 곳… 오! 내가 베르
느발에 와서 사는 건 잘한 일 아니오? (밖의 날씨는 지독했다.)

이곳의 모든 사람들이 내게 아주 친절해요. 특히 교구 신
부님은요. 나는 그 작은 성당을 너무나도 좋아해요! 성당 이
름이 노트르 담 드 리에스라는 것이 믿어지나요? 아오! 그거
매력적이지 않소? 이제는 내가 베르느발을 결코 떠날 수 없
으리라는 것을 나는 알아요. 왜냐하면 오늘 아침 신부님께서
성직자석 곁에 종신 기도석 하나를 내게 제의했기 때문이오.

그리고 세관원들 말이에요. 그들은 이곳에서 너무나 따

분해해요. 그래서 그들에게 읽을 거리가 없느냐고 물어봤지
요. 이제는 그들에게 뒤마의 소설들을 가져다주지요…. 내가
이곳에 남아 있어야 하는 게 아니겠어요?

그리고 아이들요! 아오! 아이들이 나를 아주 좋아해요! 여
왕 즉위 기념일에 40명의 초등학생들에게 성대한 축제와 성
대한 만찬을 베풀었어요. 모두들, 모두들, 선생님도 함께 여
왕을 축복했어요! 이거 정말이지 매력적이지 않아요? 당신도
알다시피 나는 여왕을 아주 좋아해요. 나는 늘 여왕의 초상
화를 내 가까이에 두고 있어요." 그리고는 방 벽에 압정으로
붙여놓은 니콜슨이 그린 초상화를 내게 가리켰다.

나는 자리에서 일어나서 초상화를 바라보았다. 그 곁에
는 작은 책장이 있었다. 잠시 나는 책들을 쳐다보았다. 나는
와일드가 좀더 진지하게 내게 말하도록 유도하고 싶었다. 나
는 다시 자리에 앉았고, 약간 불안해하면서『사자死者의 집에
대한 추억』을 읽었는지 물어보았다. 와일드는 직접적으로 대
답하지 않고 다음과 같이 말을 꺼냈다.

"러시아 작가들은 대단해요. 그들의 작품을 위대하게 만
드는 것은 바로 작품 속에 들어 있는 연민이에요. 그렇지 않
은가요? 이전에 나는『보바리 부인』을 아주 좋아했어요. 그런
데 플로베르는 자기 작품 속에 연민을 넣고 싶지 않았어요.
그런 이유 때문에 그의 작품이 왜소하고 닫혀 있는 듯이 보
이는 거예요. 어떤 작품이 열려 있고 무한하게 보이는 것은
바로 연민이 담겨 있기 때문이에요. 나의 자살을 막은 것이

바로 연민이라는 것을 아시오? 오! 처음 여섯 달 동안 나는 끔찍하게도 불행했어요. 너무나 불행해서 자살하고 싶었어요. 그런데 나로 하여금 자살을 하지 못하게 한 것은 다른 사람들을 바라보며 그들 또한 나만큼이나 불행하다는 것은 알고 연민을 느꼈기 때문이에요. 오! 연민이라는 것은 경외로운 것이오! 나는 연민을 모르고 있었어요! (와일드는 조금도 흥분하지 않고 아주 낮은 음성으로 말했다.) 연민이라는 것이 경외롭다는 것을 잘 이해하셨소? 나는 매일 저녁 신에게 감사드려요. 그래요. 내게 연민을 알게 해준 신에게 무릎 꿇고 감사드려요. 돌처럼 굳은 마음을 가지고 감옥에 들어간 나는 오직 나의 쾌락만을 꿈꾸고 있었어요. 하지만 지금은 돌 같은 마음이 산산조각으로 부서졌고, 연민이 내 마음속에 들어와 있어요. 이제 나는 연민이 이 세상에 존재하는 가장 위대하고 가장 아름다운 것이라는 걸 알아요…. 그렇기 때문에 내게 형을 내린 사람들도, 그 어느 누구도 원망할 수 없는 것이오. 만일 그들이 없었더라면, 내가 그 모든 것을 알 수 없었을 테니까요. 보시는 내게 끔찍한 편지들을 보내요. 그는 나를 이해하지 못하겠다고 말해요. 모든 사람들이 내게 추악한 짓을 했다고 해요…. 아니에요. 그는 나를 이해하지 못해요. 그는 이제 더 이상 나를 이해할 수 없어요. 나는 매번 편지를 쓸 때마다 그에게 같은 말을 되풀이해요. 우리는 같은 길을 갈 수 없다고 말이에요. 그에게는 그의 길이 있고, 그 길은 아주 훌륭한 길이에요. 내게는 나의 길이 있어요. 그의 길은 알시비

아드의 길이에요…. 아시시의 성聖 프란체스코 알아요? 아오!
경탄해요! 경탄해요! 나를 아주 기쁘게 해주고 싶지 않소? 당
신이 알고 있는 가장 잘 된 성聖 프란체스코의 일대기를 내게
보내 주시오…."

나는 와일드에게 그렇게 하겠다고 약속했다. 그가 다시
말을 이었다.

"그래요…. 나중에는, 호감이 가는, 아오! 정말이지 호감
이 가는 교도소장이 있었어요. 하지만 처음 여섯 달 동안 나
는 끔찍하게도 불행했어요. 아주 고약한 유태인 교도소장이
있었는데 상상력이라곤 조금도 없었기 때문에 매우 잔인했
어요." 와일드는 이 마지막 문장을 매우 급하게 내뱉었는데
너무나도 우스꽝스러웠다. 내가 웃음보를 터뜨렸으므로, 와
일드도 웃었고, 그 문장을 되풀이하고 나서 그는 다시 말을
이었다.

"교도소장은 어떻게 해야 우리를 괴롭힐 수 있는지를 상
상할 줄 몰랐어요. 그가 얼마나 상상력이 없는지를 곧 알게
될 거요…. 교도소에서는 하루에 한 시간밖에 감방을 나설
수 없다는 것을 알아두시오. 죄수들은 마당에서 일렬 종대로
원을 이루어 걸어가요. 서로 얘기하는 것이 전적으로 금지되
어 있어요. 간수들이 감시하고, 적발된 자에게는 끔찍한 처벌
이 내려져요. 입술을 움직이지 않고서는 말을 할 줄 모르는
것을 보고 새내기 죄수라는 걸 알아봐요. 내가 갇힌 지 6주가
지났고, 그 동안 나는 어느 누구에게도 단 한마디도 하지 않

았어요. 어느 날 저녁 산책 시간에 일렬 종대로 걷고 있었어요. 갑자기 내 등뒤에서 내 이름을 부르는 소리가 들렸어요. 내 뒤에 있던 죄수였는데, 그가 말했어요. '오스카 와일드 씨. 당신이 불쌍해요. 우리보다 훨씬 더 고통 받을 테니까 말이오.' 이 말을 듣는 순간, 나는 들키지 않으려고 무진 애를 썼고(곧 기절할 것만 같았어요), 뒤를 돌아다보지 않고 대답했어요. '아니오. 내 친구여. 우리는 모두 똑같이 고통 받고 있어요.' 바로 그날, 자살하고 싶은 마음이 없어졌어요.

우리는 그렇게 여러 날에 걸쳐 애기했어요. 나는 그의 이름과 직업이 무엇인지 알게 됐어요. 그의 이름은 P***였어요. 좋은 사람이었어요. 아오! 참으로 좋은 녀석이었어요! 그런데 그때까지만 해도 나는 입술을 움직이지 않고서 말하는 법을 모르고 있었어요. 어느 날 저녁, 우리는 호출당했어요. 'C33과 C48은 대열에서 나와!'(C33은 나였어요) 우리는 대열에서 빠져나왔고, 간수가 말했어요. '너희들은 교도소장님 앞으로 출두하게 될 것이다!' 연민이 이미 내 마음속에 자리 잡은 터였으므로 나는 오로지 그 친구 때문에 몹시 걱정됐어요. 반면에 그 친구 때문에 고통 받는 데 대해서 나는 행복했어요. 교도소장은 아주 끔찍했어요. 교도소장은 P를 먼저 출두하게 했어요. 우리를 따로따로 심문하고 싶었던 거지요. 왜냐하면 당신께 말해 두어야 하겠는데, 먼저 말을 시작한 사람과 대답한 사람에게 내려지는 벌이 같지 않기 때문이었어요. 먼저 말을 건 자는 대답한 자보다 벌이 두 배였어요. 통상적으로 전자는 2주일 독방이고 후자는 1주일이었어요. 교도소장은 우리 둘 중 누가 먼저 말을 시켰는지를 알고 싶어 했어요. 좋은 녀석인 P는 당연히 자기라고 했어요. 교도소장은 뒤이어 나를 심문했어요. 당연히 나는 나였다고 말했어요. 그러자 교도소장은 얼굴이 벌겋게 달아올랐어요. 이해할 수가 없었으니까요. 'P도 자기가 먼저 말을 시작했다고 하는데! 이해할 수가 없구만…'

생각해 봐요. 교도소장은 이해할 수가 없었던 거예요. 그는 매우 당황스러워했어요. 그는 '이미 P에게 2주일 형을 내렸다'라고 말하고 나서는 이렇게 덧붙였어요. '결국 그렇다면 둘 모두에게 2주일 형을 내려야겠다.' 이거 신기하지 않아요? 그 작자에게는 조금의 상상력도 없었던 것이오."

와일드는 자기가 하는 말을 매우 즐기고 있었다. 그는 웃고 얘기하는 것이 행복했다.

"그리고 2주일 후, 우리는 당연하게도 이전보다 훨씬 더 얘기를 나누고 싶은 마음이 생겼어요. 상대방을 위해 서로가 고통 받는다는 것이 얼마나 감미로운 것인지를 당신은 모를 거요. 날마다 같은 대열에 있을 수가 없었으므로, 나는 점차 다른 사람들에게도 말을 할 수 있었어요. 모든 사람들에게! 모든 사람들에게 말이오! 나는 모든 사람들의 이름을 알게 됐고, 그들 각각의 내력까지 파악하게 됐어요. 감옥에서 출소하는 이들 모두에게 말했지요. '출소하자마자 가장 먼저 할 일은 우체국으로 가는 것이오. 당신에게 돈과 함께 편지 한 통이 있을 거요.' 그렇게 나는 계속해서 죄수들을 알게 됐어요. 그들을 매우 좋아했으니까요. 그들 중에는 정말이지 멋있는 사람들이 있었어요. 나를 만나러 벌써 세 명이 여기에 왔었다는 사실을 믿을 수 있겠소? 이거 정말 대단한 일 아니오?

그 고약한 교도소장의 후임은 아주 호감이 가는, 아오! 훌륭한, 내게 너무나도 친절한 사람이었어요. 바로 그 즈음에 파리에서 공연되던 내 작품『살로메』가 감옥에 있는 내게 어떤 공헌을 했는지 당신은 짐작할 수 없을 거요. 내가 문필가라는 사실을 까맣게 잊고 있었어요! 내 작품이 파리에서 성공을 거두고 있다는 것을 알았을 때, 교도소장은 '야! 그거 신기한 일이군! 그러니까 그 녀석에게 그런 재주가 있는 거야?' 라고 중얼거렸어요. 그때부터 그는 내가 읽고 싶은 모든 책들을 마음대로 읽게 내버려뒀어요.

처음에는 가장 마음에 드는 것이 고대 그리스 문학이라고 생각했어요. 나는 소포클레스를 신청했어요. 그런데 소포클레스에게 취미를 붙일 수가 없었어요. 그래서 나는 초기 교회 신부들을 생각했어요. 하지만 그들 역시 내 관심을 끌지 못했어요. 문득 단테를 생각하게 됐어요…. 아오! 단테! 나는 날마다 단테를 읽었어요. 이탈리아어로요. 단테의 모든 작품들을 다 읽었어요. 하지만『연옥』도『지옥』도 나를 위해 쓰인 것 같지는 않았어요. 내가 읽은 것은 무엇보다도『지옥』이었어요. 어찌 내가 이 작품을 사랑하지 않을 수 있었겠소? 이해하시겠소? 지옥. 우리는 바로 지옥에 있었던 거요. 지옥, 그

것은 바로 감옥이었소⋯."

그날 저녁 와일드는 구상 중에 있는 파라옹에 관한 비극 한 편과 유다에 관한 기발한 콩트에 대해 얘기했다.

그 다음날 그는 호텔에서 200미터 떨어진 곳에 있는 아담하고 작은 집으로 나를 데려 갔다. 그 집은 그가 세를 내어 꾸미기 시작한 집이었다. 바로 그 집에서 작품들을 집필하고 싶어했다. 우선은『파라옹』을 쓰고, 이어서『아하브와 이사벨』을 쓸 작정이었다. 그는『아하브와 이사벨』의 내용을 기막히게 얘기했다.

나를 역까지 실어다줄 마차가 준비되어 있었다. 잠시 나와 동행하려고 와일드는 마차에 올랐다. 그는 거듭 내 작품에 대해 언급하면서 높이 평가했지만, 어딘가 석연찮은 듯한 어투로 얘기했다. 이윽고 마차가 멈추었다. 그는 내게 작별 인사를 하고 마차에서 내리려다가 불쑥 말했다.

"내 말 좀 들어보시오. 이제 당신이 내게 한 가지 약속을 해야만 하겠소.『지상의 양식』, 훌륭해요⋯ 아주 훌륭해요⋯. 하지만, 약속해 주시오. 이제는 더 이상 '나JE'를 쓰지 마시오."

내가 충분히 이해하지 못한 표정을 짓자, 와일드는 재차 말했다.

"이거 아시오? 예술에는 1인칭이란 없소."

IV

파리로 돌아와서 나는 앨프리드 더글러스 경을 찾아가 와일드의 근황을 전했다. 더글러스 경은 내게 말했다.

"이 모든 것이 너무나도 우스꽝스러워요. 와일드에게는 지겨움을 견뎌낼 능력이 전혀 없어요. 나는 그걸 너무나 잘 알고 있어요. 그는 날마다 내게 편지를 써요. 나 역시 우선 그가 작품을 끝내야 한다는 데 동의해요. 하지만 그 후에 그는 내게 돌아올 거요. 그는 고독 속에서는 가치 있는 어떤 일도 하지 못해요. 그에게는 늘 자유분방함이 필요해요. 그가 쓴 것 중에 훌륭한 작품들은 모두 내 곁에 있을 때 쓴 것이오. 여기 그의 마지막 편지를 보시오…." 앨프리드 경은 편지를 내게 보이며 읽어 주었다. 편지에서 와일드는 『파라옹』을 조용하게 끝낼 수 있도록 내버려 달라고 보시에게 간청하고 있었다. 하지만 작품을 끝내자마자 앨프리드 경에게로 다시 돌아오겠다고 써 있었다. 편지는 다음과 같은 멋들어진 문장으로 끝을 맺고 있었다. "… 그때 나는 다시 킹 오브 라이프가 될 것이오."

V

그리고 얼마 후 와일드는 파리로 되돌아왔다.[8] 그는 그 작품들을 쓰지 못했다. 영원히 쓰지 못할 것이었다. 사회는 한 개인을 제거하고자 할 때 교묘하게도 그 목적을 달성할 줄 안다. 죽음보다도 더 교묘한 수단들을 알고 있다⋯ 2년 전부터 와일드는 너무나 고통 받아왔고, 그것도 너무나 수동적으로 당해 왔다. 그의 의지가 꺾여버렸던 것이다. 처음 몇 달 동안은 그래도 환상을 품을 수 있었지만, 곧 그는 자포자기하고 말았다. 그것은 일종의 기권이었다. 그의 붕괴된 삶에는 과거 와일드의 참담한 흔적밖에 남아 있지 않았다. 어떤 순간에는 아직도 깊은 사고를 하고 있다는 것을 증명해 보이고 싶은 마음이 있었지만, 그의 정신은 이미 구겨져 있었다. 나는 그 후 와일드를 두 번밖에 만나지 못했다.

어느 날 저녁 G와 대로에서 산책하고 있는데 내 이름을 부르는 소리가 들렸다. 나는 고개를 돌렸다. 바로 와일드였다. 아! 그는 얼마나 변해 있었던가! "작품을 쓰기 전에 내가 다시 나타난다면, 사람들은 나를 죄수로밖에 보려하지 않을 것이오"라고 그는 내게 말했었다. 그런데 그는 작품도 없이 다시 나타났고, 마치 자기 앞에 있는 문들이 이미 닫혀버리기라도 한 듯이, 더 이상 어느 곳으로도 다시 들어가려고 하지 않고 있었다. 그는 빈둥거리고 있었다. 여러 번에 걸쳐 친

---

8) 그의 가족 대표들은 와일드가 몇 가지 약속, 특히 그 중에는 앨프리드 경을 다시 만나지 않겠다는 약속을 하면 와일드에게 아주 편한 상황을 보장하겠다고 제의했다. 와일드는 그런 약속을 할 수도 없었고, 하고 싶지도 않았다 ― 옮긴이.

구들이 그를 구해 보려고 시도했다. 머리를 짜내서 그를 이탈리아로 데려가기도 했다. 와일드는 곧 도망쳤고, 다시 추락했다. 아주 오랫동안 충실하게 그의 곁에 남아 있던 이들 중 몇 사람이 "와일드가 보이지 않는다"고 내게 여러 번이나 말했다. 고백하거니와, 나는 그를 다시 만나는 것이 조금은 꺼림칙했다. 그것도 수많은 사람들이 드나드는 장소에서는 말이다. 그런데 와일드가 한 카페의 테라스에 자리 잡고 앉아 있었다. 그는 G와 나를 위해 칵테일 두 잔을 시켰다…. 나는 행인들에게 등을 돌리려고 그의 맞은편에 앉을 참이었다. 수치심 때문에 내가 그렇게 한다고 생각한(그의 판단이 전적으로 틀린 것은 아니었다) 그는 몹시 괴로운 듯이 자기 옆의 의자를 가리키며 내게 말했다.

"오! 여기 내 곁에 앉으시라니까. 지금 나는 너무나 외로워요!"

와일드는 여전히 잘 차려 입고 있었다. 하지만 이제 그의 모자는 그다지 반짝거리지 않았다. 목에는 옛날과 같은 모양의 하얀 깃을 하고 있었지만, 이전만큼 깨끗하지는 않았다. 외투 소매는 살짝 해져 있었다. 애써 자존심을 지키려는 듯이 그가 말을 이었다.

"옛날 내가 베를렌느를 만날 때, 나는 베를렌느 때문에 부끄러워하지는 않았어요. 당시 나는 부자였고, 흥에 겨웠고, 영예에 싸여 있었어요. 베를렌느가 곤드레만드레 취해 있을 때조차도, 그의 곁에 있는 내가 목격되는 것이 나를 영광스

럽게 한다고 여겼어요…." 그리고 나서, 내가 보기에, G를 지
루하게 하는 것은 아닐까 두려워서 와일드는 갑자기 어조를
바꾸어 재치 있게 농담을 해보려 하다가 이내 침울해졌다.
여기에서 나의 기억은 극히 고통스럽다. 이윽고 G와 나는 자
리에서 일어났다. 와일드가 계산을 하겠다고 고집을 부렸다.
그에게 작별 인사를 하려는 순간, 와일드는 나를 잡아끌더니
낮은 목소리로 황망히 말했다.

  "이거 보시오. 당신은 알아둬야만 해요… 내겐 땡전 한
푼 없소…."

  며칠 뒤 나는 와일드를 마지막으로 만났다. 우리가 나눈
대화 중에서 한마디만 인용하고자 한다. 그는 내게 자신의
빈궁함에 대해서, 작업을 시작하지도 계속할 수도 없는 상황
에 대해서 얘기했다. 침통한 표정으로 나는 작품이 완성되고
나서야 파리에 다시 나타나겠다고 했던 약속을 그에게 상기
시켰다.

  "아! 아주 오랫동안 머물러 있겠다고 약속했던 베르느발
을 왜 그리도 일찍 떠났소? 당신을 원망한다고 말할 수는 없
지만…."

  와일드는 내 말을 가로막았고, 내 손 위에 자기 손을 얹
고서 너무나도 비통한 눈으로 나를 바라보며 말했다.

  "상처 받은 자를 원망해서는 안 되는 법이오."

오스카 와일드는 보자르[9] 가街에 있는 누추하고 작은 호텔에서 사망했다. 일곱 사람이 장례를 수행했다. 더욱이 그들 모두가 끝까지 운구 행렬을 따라가지는 않았다. 관 위에는 꽃송이와 화환들이 있었다. 전해들은 이야기에 의하면, 단 하나의 화환에만 명찰이 붙어 있었는데, 바로 호텔 주인의 것이었고, 거기에는 다음 몇 글자가 적혀 있었다고 한다.

나의 세입자에게A MON LOCATAIRE

---

9) 보자르Beaux-Arts는 파리 시내에 있는 거리 이름으로 '예술'이라는 뜻
  — 옮긴이.

찾아보기

가다머Hans-Georg Gadamer 30-
3, 59, 94, 109, 119-22, 124-9,
131
가타리Félix Guattari 36
곰브로비치Witold Gombrowicz
84-5
그롱댕Jean Grondin 125

니체Friedrich Nietzsche 15, 89,
171

단테Dante 183
더글러스Alfred Douglas 153,
168, 172, 185
데리다Jacques Derrida 59, 91
데 포레Louis-René des Forêts
55, 107-8, 114
들뢰즈Gilles Deleuze 36
디만트Dora Dymant 11, 27
딜타이Wilhelm Dilthey 119-20

라바테Dominique Rabaté 113

라캉Jacques Lacan 35
랭보Arthur Rimbauld 6, 58
레비나스Emmanuel Lévinas 35,
87-9, 91, 101
렘브란트Rembrandt 22-5, 126
로브-그리예Alain Robbe-Grillet
146-7
루세Jean Rousset 74, 78
리쾨르Paul Ricoeur 25, 82-3,
102, 119-20, 122, 126
릴아당Villiers de l' Isle-Adam
166

말라르메Stéphane Mallarmé 34-
5, 58, 90, 156

바르트Roland Barthes 6, 18, 34,
37, 43, 53, 55, 58, 69, 74-5,
78-82, 94, 98, 101, 104, 112-4,
142, 146-7
바젠Jean Bazaine 105-6
발레리Paul Valéry 34, 49

발자크Honoré de Balzac 11, 172

베를렌느Paul Verlaine 187

베케트Samuel Beckett 101

보들레르Charles Baudelaire 74,
  85

뷔퐁Georges Buffon 18

브로트Max Brod 10-1

브리스빌Jean-Claude Brisville
  104

블랑쇼Maurice Blanchot 32, 34-
  5, 43, 45-6, 50, 59, 65, 73, 75-
  6, 87-118, 128, 146

비니Alfred de Vigny 57

비당Christophe Bident 88, 90

비트겐슈타인Ludwig Wittgenstein
  56

사드Sade 75, 89

사로트Nathalie Sarraute 147

샤르René Char 89, 116

셀린느Louis-Ferdinand Céline
  53

소쉬르Ferdinand de Saussure 43

소크라테스Socrates 39, 71, 168

소포클레스Sophocles 183

슐라이어마허Schleiermacher
  119-20, 123

스칼리제Scaliger 67

스타로뱅스키Jean Starobinski 74

스탕달Stendhal 75

아리스토텔레스Aristoteles 68

예젠스카Milena Jesenká 11

와일드Oscar Wilde 19, 26, 152-
  89

위로Marie-Laure Hurault 100

이오네스코Eugène Ionesco 75

즈네트Gérard Genette 76, 78

지드André Gide 16, 126, 152-3

카뮈Albert Camus 17, 38, 43, 46,
  53, 56, 102, 104, 108, 112,
  134, 136-7, 141-2, 145

카프카Franz Kafka 9-12, 26-7,
  88-90, 105

칸트Kant 66

콜랭Françoise Collin 93, 103

쿠르베Gustave Courbet 11

클로프스토크Robert Klopstock
  27

키에르케고르Sören Kierkegaard
  57

태커레이Thackeray 155

티보데Albert Thibaudet 66

파랭Brice Parain 20, 37, 57-8, 94

푸코Michel Foucault 90-1

프랑스Anatole France 84

프루스트Marcel Proust   12, 53,
    74, 79, 83, 89, 101, 105

플라톤Platon 68, 168

플로베르Gustave Flaubert   11,
    68, 75, 126, 171, 178

피카르Raymond Picard 80

피카소Fablo Picasso 11

피콩Gaëtan Picon 91

하이데거Heidegger 64, 72-3, 81,
    89, 101, 105

헤겔Hegel 34, 49, 89-90

횔덜린Hölderlin 72, 81, 90

후설Husserl 35, 120, 146

훔볼트Humboldt 129

히포크라테스Hippocrates 68